本书系全国教育科学规划教育部重点课题"中国传统劳动教育思想扬弃研究"（课题批准号：DAA190303）结项成果

U0736528

中国传统劳动教育思想研究

陆信礼 刘 静 常玲玲 著

中国海洋大学出版社

·青岛·

图书在版编目（CIP）数据

中国传统劳动教育思想研究／陆信礼，刘静，常玲玲著 . -- 青岛：中国海洋大学出版社，2025．7.

ISBN 978-7-5670-4281-0

Ⅰ. G40-015

中国国家版本馆 CIP 数据核字第 20258V5G01 号

ZHONGGUO CHUANTONG LAODONG JIAOYU SIXIANG YANJIU

中国传统劳动教育思想研究

出版发行	中国海洋大学出版社			
社　　址	青岛市香港东路 23 号	**邮政编码**	266071	
出 版 人	刘文菁			
网　　址	http://pub.ouc.edu.cn			
电子信箱	465407097@qq.com			
订购电话	0532-82032573（传真）			
责任编辑	董　超	**电　　话**	0532-85902342	
印　　制	青岛中苑金融安全印刷有限公司			
版　　次	2025 年 7 月第 1 版			
印　　次	2025 年 7 月第 1 次印刷			
成品尺寸	170 mm×230 mm			
印　　张	10.25			
字　　数	168 千			
定　　价	49.00 元			

发现印装质量问题，请致电 0532-85662115，由印刷厂负责调换。

前言
Preface

在全国教育大会上，习近平总书记将党的十六大以来"德智体美"四育并举的育人目标发展为"德智体美劳"五育并举，增加了劳动教育，体现出新时代教育的新思路和新要求。创新和发展劳动教育，是贯彻落实习近平总书记重要讲话精神的重要内容之一。

劳动作为人类特有的活动，是人类赖以生存和发展的基础。它表现为人们通过发挥体力和脑力的作用，运用劳动资料改造外部世界的过程。人们要获取生活资料，就必须劳动。马克思曾指出，任何一个民族，如果停止劳动，不用说一年，就是几个星期，也要灭亡。另外，人类社会的进步和发展也离不开劳动。在中国特色社会主义的新时代，必须开展好劳动教育。

习近平总书记在阐述党的十八大以来教育改革发展一系列新理念新思想新观点时指出，要"坚持扎根中国大地办教育"①。劳动教育是开展青少年文化建设的重要组成部分，不仅要立足新时代社会发展的具体实际，还要扎根于中华优秀传统文化。在中华文化的思想宝库中，热爱劳动是中华民族的优良传统美德。整理发掘这部分思想成果，有助于开展新时代的劳动教育。

一、传统劳动思想弘扬劳动价值

对于劳动教育，习近平总书记指出："要在学生中弘扬劳动精神，教育引导学生崇尚劳动、尊重劳动，懂得劳动最光荣、劳动最崇高、劳动最伟大、劳动最美丽的道理，长大后能够辛勤劳动、诚实劳动、创造性劳动。"②这一精辟论断阐明

---

① 吴晶，胡浩．习近平在全国教育大会上强调 坚持中国特色社会主义教育发展道路 培养德智体美劳全面发展的社会主义建设者和接班人 [J]．人民教育，2018（18）：6-9．
② 习近平．论党的宣传工作 [M]．北京：中央文献出版社，2020：350．

了劳动教育的宗旨、方法、目标,为开展新时代劳动教育提供了根本遵循。

弘扬劳动精神,是开展新时代劳动教育的总抓手。在学生中弘扬劳动精神,旨在培养学生崇尚劳动、尊重劳动的态度,懂得劳动的崇高价值和伟大价值。中国古代思想家对劳动的意义有颇多论述。

其一,劳动是生存之本。古代哲学家、教育家、科学家墨子教育弟子说,"故圣人作诲,男耕稼树艺,以为民食"①;"食者国之宝也"②;"民无食则不可事,故食不可不务也"③。在墨子看来,民不可无食,食必须通过劳动获得。明代学者吕坤说:"一年不务农桑,一年忍饥受冻。"④不勤劳务农,就缺衣少食。明末清初学者张履祥提出:"治生以稼穑为先,舍稼穑无可为治生者。"⑤这些观点都指出了农业劳动的基本价值。

清代政治家曾国藩将这种劳动谋生观点加以发展,提出:"卫身莫大于谋食。农工商,劳力以求食者也;士劳心以求食者也。"⑥随着社会分工的发展,劳动已不限于农业,人人必须劳动才能生活。

其二,劳动促进个人发展。劳动可以培养人优良的品德和塑造健康的身体素质。春秋时期的敬姜在教育儿子时说:"夫民劳则思,思则善心生;逸则淫,淫则忘善,忘善则恶心生。"⑦这句话明确指出了劳可培善和逸则生恶(两种不同的品德培养功能)。明末清初的学者颜元认为:"养身莫善于习动,夙兴夜寐,振起精神,寻事去作,行之有常,并不困疲,日益精壮。"⑧其意思是说,劳作可以使人强健。清代学者汪辉祖在批判"幼小不宜劳力"观点时指出:"欲望子弟大成,当先令其习劳。"⑨他认为,自古以来那些成功的将相,没有一个是不耐劳苦的。

---

① 孙诒让. 墨子闲诂卷一:辞过第六 [M] // 诸子集成:第四册. 上海:上海书店,1986:20.
② 孙诒让. 墨子闲诂卷一:七患第五 [M] // 诸子集成:第四册. 上海:上海书店,1986:17.
③ 孙诒让. 墨子闲诂卷一:七患第五 [M] // 诸子集成:第四册. 上海:上海书店,1986:14.
④ 吕坤. 续小儿语 [M] // 夏家善. 蒙训辑要. 天津:天津古籍出版社,2017:70.
⑤ 张履祥. 杨园先生全集:中 [M]. 北京:中华书局,2002:994.
⑥ 钟叔河. 曾国藩与弟书 [M]. 长沙:岳麓书社,2002:2.
⑦ 敬姜. 敬姜教子 [M] // 夏家善. 历朝母训. 天津:天津古籍出版社,2017:3.
⑧ 颜元. 颜元集:下 [M]. 北京:中华书局,1987:635.
⑨ 汪辉祖. 双节堂庸训 [M] // 楼寒松. 中国历代家训集成:第九册. 杭州:浙江古籍出版社,2017:5653.

其三，劳动是理想生活方式。曾国藩在给儿子曾纪鸿的信中说："勤俭自持，习劳习苦，可以处乐，可以处约，此君子也。"①他教育儿子把劳动作为生活的一部分，在劳动中获得人生快乐，成就君子人格。

二、传统劳动思想倡导辛勤劳动

传统文化不仅包含对劳动价值的充分肯定，也有对辛勤劳动的积极倡导。对于劳动要耐得住艰辛、要坚持不懈的道理，中国古代多有论述。其中，曾国藩对"辛勤劳动"的论述较详，对现代人影响也较大。他在这方面的主要观点如下。

其一是"勤"。古人关于勤于劳动的论述数不胜数，政治家劝子侄勤于政事，学问家教儿孙勤于读书，贤母们教女儿勤于纺绩。明朝仁孝文皇后徐氏说："农勤于耕，士勤于学，女勤于工。"②曾国藩在家书中反复阐释对勤的道理，勉励长子纪泽说："家之兴衰，人之穷通，皆于勤惰卜之。泽儿习勤有恒，则诸弟七八人皆学样矣。"③他认为，勤则家"兴"人"通"，惰则家"衰"人"穷"。要做到勤，需持之以恒锻炼。

其二是"早"。这个概念是曾国藩在总结祖父星冈公曾玉屏的家训思想时凝练出的，意思是"早起"。这是曾国藩关于"勤"思想的重要维度之一。他还对此概念加以发挥，"治家以不晏起为本"④"家中大小，总以起早为第一义"⑤。在曾国藩看来，"少睡多做"，体现"一人之生气"。⑥因此，他把早起作为耐劳苦教育的主要手段。曾国藩的这一观点，在之前的教育学著作中较为多见。南宋文学家叶梦得说："每日起早，凡生理所当为者，须及时为之。"⑦朱柏庐治家格言的第一句话就是："黎明即起，洒扫庭除。"⑧

---

① 曾国藩. 曾国藩教子书[M]//夏家善. 名臣家训. 天津：天津古籍出版社，1997：62.
② 仁孝文皇后徐氏. 内训[M]//夏家善. 历朝母训. 天津：天津古籍出版社，2017：109.
③ 曾国藩. 曾国藩教子书[M]//夏家善. 名臣家训. 天津：天津古籍出版社，1997：236.
④ 曾国藩. 曾国藩教子书[M]//夏家善. 名臣家训. 天津：天津古籍出版社，1997：135.
⑤ 曾国藩. 曾国藩教子书[M]//夏家善. 名臣家训. 天津：天津古籍出版社，1997：127.
⑥ 钟叔河. 曾国藩与弟书[M]. 长沙：岳麓书社，2002：168.
⑦ 叶梦得. 石林治生家训要略[M]//楼含松. 中国历代家训集成：第一册. 杭州：浙江古籍出版社，2017：291.
⑧ 朱柏庐. 朱子治家格言[M]//夏家善. 蒙训辑要. 天津：天津古籍出版社，2017：237.

三、传统劳动思想主张诚实劳动

新时代劳动教育要求学生在长大后"诚实劳动"。所谓诚实劳动，就是要实实在在地劳动，运用脑力或体力有效地改造世界，不弄虚作假，不投机取巧，不搞形式、走过场、摆样子。

其一，诚实劳动重在做实事。

孟子讲的揠苗助长寓言，就生动讽刺了那些不诚实劳动却想取得成功的行为。要让禾苗长得好，就得踏踏实实浇水施肥，而不是一棵棵地往上拔。揠苗助长者虽然付出了体力，看到苗长高了一大截，但是苗最终全死了。这个故事可以说是对不诚实劳动现象的深刻批评，也从另一方面表达了孟子提倡诚实劳动。事实上，中国传统劳动思想中的"习"字，本身就包含了实践、实行之意。主张劳动思想的汪辉祖指出："士不好学，农不力田，便不成为士、农。欲尽人之本分，全在各人做法。……故'人'是虚名，求践其名，非实做不可。"[1]他提出各行业的人要"实做"，进行脚踏实地的工作。这是他倡导诚实劳动的体现。

其二，诚实劳动尚力行、忌空谈。

重视习行、关心实务，是中国古代思想的主流。然而，在历史上也不乏懒于劳动、脱离实际的空谈作风。比如六朝时期的名士，虽然在品藻古今方面颇多才华，一旦任用他们处理实务，却"多无所堪"。这些人惯于高谈虚论，迂诞浮华，不涉世务，不知有丧乱之祸，不知有耕稼之苦，不知有劳勤之役，因此难以"应世经务"[2]。颜之推概括说："治官则不了，营家则不办，皆优闲之过也。"[3]这是对那些不劳而获、没有真才实学的南朝名士的有力批判。

四、传统劳动思想强调创造性劳动

与重复性劳动不同，创造性劳动强调的是劳动过程中的变革性和创新性，具体体现为发明创造。一方面，将科学原理和技术运用到具体劳动中，改变劳动方式；另一方面，在劳动过程中有所发现，并创造性地解决问题。中国古代劳动思想中就有这方面的范例。

其一，劳动中把握事物原理并进行创造性运用。

---

① 汪辉祖. 双节堂庸训［M］//楼寒松. 中国历代家训集成：第九册. 杭州：浙江古籍出版社，2017：5619.
② 夏家善. 颜氏家训［M］. 天津：天津古籍出版社，1995：128.
③ 夏家善. 颜氏家训［M］. 天津：天津古籍出版社，1995：129.

墨子作为中国古代伟大的科学家,不仅重视生产劳动,而且善于在生产劳动中发现科学原理,并据此做出了大量的创造发明,还教育学生将其运用于生产实践。他说:"负而不挠,说在胜。"① 这里的"负"就是"担"或者说"衡木"的意思。"挠"原意是"曲木",这里引申为"物体倾斜"的意思。"胜"有"胜任""承受"等意思。整句话是说,用衡木担物,支点在中间,衡木就不会发生倾斜。这是因为两端物量相等,彼此平衡的缘故。这句话包含着杠杆平衡原理,墨子运用此原理发明了提水工具——桔槔,大大节省了劳动力。

其二,劳动中进行创造性探索。

在中国历史上的帝王中,清圣祖康熙帝在自然科学方面的造诣是很高的。他曾刊印《耕织图》颁行全国。此外,康熙帝还在劳动中留心观察研究,并有新发现:"丰泽园所种之稻,偶得一穗,较他穗先熟,因种之,遂比别稻早收。若南方和暖之地,可望一年两获。"② 这段话生动记述了他在农作物良种培育方面的创造性探索。

五、吸收借鉴传统劳动思想的精华

中华民族素以刻苦耐劳著称于世。五千年辉煌灿烂的文明,是中国先人热爱劳动的有力见证。传统劳动思想就是中华民族重视劳动的集中体现。不忘本来才能开辟未来,善于继承才能更好创新。

开展新时代劳动教育,需要吸收借鉴传统劳动思想的精华。但要指出的是,传统劳动思想是与中国古代社会实践相适应的。因此,在今天的劳动教育中绝不能将其完全照搬。我们必须立足新时代劳动教育的具体实践,以马克思主义劳动观为指导,本着古为今用的态度,对传统劳动思想去粗取精、去伪存真,进行科学的扬弃,并在此基础上实现创造性转化和创新性发展。

(本文原发表于《中国教育报》2019 年 04 月 25 日第 6 版"理论周刊·思想前沿")

---

① 孙诒让. 墨子闲诂卷十:经下第四十一 [M] // 诸子集成:第四册. 上海:上海书店,1986:200.

② 爱新觉罗·玄烨. 庭训格言 [M] // 夏家善. 帝王家训. 天津:天津古籍出版社,1997:127.

目录
Contents

第一章

劳动教育的核心概念辨析和理论基础

孔子带领众弟子周游列国期间，他的学生子路向他请教如何解决卫国当时的政治问题，孔子认为解决的唯一途径就是"正名"。子路对此非常不解。孔子便耐心教导他："名不正，则言不顺；言不顺，则事不成；事不成，则礼乐不兴；礼乐不兴，则刑罚不中；刑罚不中，则民无所措手足。"①孔子的这段论述，包含着一个著名的成语——"名正言顺"。对广大学术研究者来说，这个成语有着较为普遍的指导意义，那就是：在开展研究之前，必须进行"正名"——概念解释一类的工作。我们研究中国传统的劳动教育思想，自然也需要先对其中的核心概念进行辨析，对所依据的理论进行一番研讨。

第一节　关于劳动教育的核心概念辨析

研究劳动教育问题，涉及的核心概念主要有两个：一是劳动，二是劳动教育。就劳动和劳动教育两个概念来说，劳动概念显然更基本也更具前提意义，因为只有理解了劳动，才能说明劳动教育。我们要搞清楚劳动教育的概念，须先对劳动的内涵加以辨析。

一、劳动

把握任何名词的概念，或者说给一种事物下定义，一般可以从多个角度着手。我们把握劳动的概念，也可以从不同角度加以分析。

（一）从词源的角度看劳动

中国古代文献虽有"劳动"二字，但其内涵并非生产劳动或生活劳动。据考察，"劳动"一词最早见于《庄子·让王》，其中有云："春耕种，形足以劳动。秋收敛，身足以休息。"②这里的"耕种"自然指农业生产活动，但是，其中的"劳动"，指的一般是身体的活动，与后面的"休息"相对。另外，也有史书中的"劳

---

① 朱熹. 四书章句集注 [M]. 北京：中华书局，1983：143.
② 王先谦. 庄子集解卷八：让王第二十八 [M] // 诸子集成：第三册. 上海：上海书店，1986：187.

动"含"烦扰""烦劳"①之意。中国古籍中有今天"劳动"概念基本内涵的,主要是"劳"这一单字。就"劳"字而言,主要有两义:一是"心劳",即付出心力,表现为"内心的辛苦",如战国时期的青铜器中山王鼎上的"忧劳邦家"四字,其中的"劳"是金文字形,上方从火,下方从"心"②(图1.1)。孔子讲的"劳而不怨"③,就属于这个意思。二是"身劳",即付出体力,表现为"体力的辛苦",如《说文解字》中对"劳"字的解释:"劳,剧也。从力,荧省,荧,火烧门,用力者劳。"④孔子讲的"有事弟子服其劳"⑤就是这个意思。除"劳"字外,"劳心""劳力""劳作"等词也有今天"劳动"的内涵了。

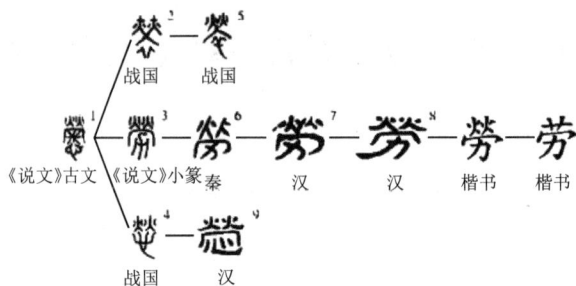

图1.1 "劳"的字形演变

在西方的语言中,从"劳动"一词的来源看,也有表示生产劳动或精神劳作的意思。据学者研究,德语中的"arbeit"(劳动)一词来自拉丁语 arvum 的复数 arva,意思是"犁过的土地",尤其是相对于"草地、牧场"等"未开垦过的土地"。从"犁过"这个意思来说,它意味着人通过自己的劳动改变了土地原有的自然状态,使田野荒地变成了适合耕作的土壤,这显然就有了农业生产劳动的内涵。另外,英语中的"labor"(劳动)一词,是来自拉丁语的 labor,表示精神或身体的

---

① 比如《三国志·魏书·钟会传》中的"姜伯约屡出陇右,劳动我边境,侵扰我氐、羌"(见陈寿.三国志卷二十八:魏书:王毌丘诸葛邓钟传第二十八 [M] // 三国志:第三册.北京:中华书局,1982:788—789),《三国志·魏书·任城陈萧王传》中的"何事劳动銮驾,暴露于边境哉"(见陈寿.三国志卷十九:魏书:任城陈萧王传第十九 [M] // 三国志:第二册.北京:中华书局,1982:573),等等。

② 徐中舒.汉语大字典 [M].成都:四川辞书出版社,1993:158.

③ 朱熹.四书章句集注 [M].北京:中华书局,1983:73.

④ 许慎.说文解字(附检字) [M].北京:中华书局,2006:294.

⑤ 朱熹.四书章句集注 [M].北京:中华书局,1983:56.

劳作、劳动的能力,承受压力等。这显然也包含着"劳力""劳心"两方面的含义。①

(二)从历史的角度看劳动

人类对于劳动的认识经历了一个历史发展过程。据《中国大百科全书·哲学》对"劳动"词条的介绍,在古希腊的《荷马史诗》和中国春秋时期编成的《诗经》等古代文献中,就已经有不少赞颂劳动的诗句。在古希腊诗歌《劳作与时日》中,作者赫西俄德写下这样的诗句:"劳作不可耻,不劳作才可耻。……不论时运如何,劳作比较好,把耽迷在别人财产上的心神转向劳作,听我的话专心生计。"② 就《荷马史诗·奥德赛》的主人公奥德修斯来说,"劳作"是他贯穿始终的品质,比如奥德修斯要向求婚人欧律马科斯挑战干活,要与他比赛割草、比赛赶牛。在《诗经》中,有大量描写劳动人民生活的诗歌,比如,《魏风·十亩之间》是一首歌颂采桑劳动的诗,《周南·芣苢》是一首歌颂女子采摘车前子草的乐歌,《小雅·无羊》歌颂了放牧劳动的情景……但是,这些文献都没有把劳动当作专门的考察对象,因此都没有对劳动概念做出明确的规定。

从经济学上规定劳动的概念,是从重工主义、重商主义和重农主义这些思想流派的思想家开始的。在他们看来,主体的活动即工业劳动、商业劳动和农业劳动,是财富的源泉。不过,他们只考察了劳动的一定形式,而不是劳动的一般性。18世纪,英国古典政治经济学家斯密则考察了劳动的一般性。他指出:"只有劳动才是价值的普遍尺度和正确尺度,换言之,只有用劳动作标准,才能在一切时代和一切地方比较各种商品的价值。"③ 但是,斯密只是把劳动确定为财富的源泉,把劳动者当作发财致富的手段,未能揭示劳动的本质。直到19世纪,德国哲学家黑格尔第一次在哲学上对劳动概念做出明确规定。他认为,劳动是主体和客体的对立统一联系,劳动概念是实践概念的具体化,比实践概念更具有强烈的目的指向性。不过,黑格尔所说的劳动,只是一种精神的活动。马克思和恩格斯创立了历史唯物主义,才使人类认识史上有了真正科学的劳动观。

---

① 娄雨. 劳动的古典观念及其对劳动教育的当代启示 [J]. 劳动教育评论,2020(4):12-27.
② 吴雅凌. 劳作与时日笺释 [M]. 北京:华夏出版社,2015:13.
③ 斯密. 国民财富的性质和原因的研究:上 [M]. 郭大力,王亚南,译. 北京:商务印书馆,1974:32.

（三）从逻辑的角度看劳动

逻辑的角度就是本质的角度。对于劳动的本质，教育学家黄济概括说："劳动是人类特有的活动，是人类区别于动物的本质特征，是人类社会赖以生存和发展的基础。"① 这个概括是根据马克思主义经典作家的相关论述做出的。它有两个要点：第一，劳动是人类特有的活动，是人和动物相区别的本质特征。马克思曾指出："一当人开始生产自己的生活资料，即迈出由他们的肉体组织所决定的这一步的时候，人本身就开始把自己和动物区别开来。人们生产自己的生活资料，同时间接地生产着自己的物质生活本身。"② 第二，劳动是人类社会赖以生存和发展的基础。劳动一方面是个自然过程，人和自然之间在劳动中实现了物质和能量的交换，使得人的生命得以延续。马克思在给路德维希·库格曼的一封信中说："任何一个民族，如果停止劳动，不用说一年，就是几个星期，也要灭亡，这是每一个小孩子都知道的。"③ 另外，劳动也是社会进程的重要组成部分，人们通过生产劳动，建立起彼此间的生产关系。人类就是通过劳动推动生产力和社会的不断发展，同时促进个体的全面发展。恩格斯在《劳动在从猿到人的转变中的作用》中讲："劳动是整个人类生活的第一个基本条件，而且达到这样的程度，以致我们在某种意义上不得不说：劳动创造了人本身。"④

二、劳动教育

今天，随着党的"五育并举"教育方针在社会上的广泛宣传，人们对劳动教育一词已是耳熟能详。但是，劳动教育的内涵是什么？它从范围上都包含哪些方面？这些最基本的问题需要先弄清楚。大致来说，劳动教育的概念，可以从内涵和外延两方面来理解。

---

① 石中英，于超. 黄济教育思想论要 [M]. 福州：福建教育出版社，2016：239.
② 马克思，恩格斯. 德意志意识形态 [M] // 马克思，恩格斯. 马克思恩格斯选集：第一卷. 北京：人民出版社，2012：147.
③ 马克思. 马克思致路德维希·库格曼 [M] // 马克思，恩格斯. 马克思恩格斯选集：第四卷. 北京：人民出版社，2012：473.
④ 恩格斯. 自然辩证法 [M] // 马克思，恩格斯. 马克思恩格斯选集：第三卷. 北京：人民出版社，2012：988.

（一）劳动教育的内涵

把握劳动教育的内涵,有一个非常方便的办法,就是将其与劳动技术教育的概念进行比较。这是因为,进入改革开放和社会主义现代化新时期以来,我国中小学阶段开设的关于劳动的课程名称是"劳动技术教育",不是"劳动教育"(图1.2)。因此,在2018年全国教育大会召开前,人们所熟悉的并不是"劳动教育",而是"劳动技术教育"。[①] 对于劳动教育与劳动技术教育的关系,学界大致存在三种观点。

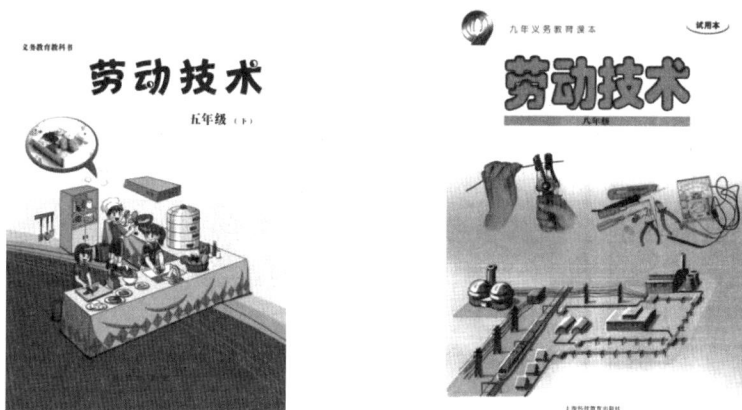

图1.2　劳动技术教材

[①] 对于"劳动技术教育"的说法,成有信认为这个提法值得推敲和商榷。他在《劳动教育、综合技术教育和职业教育》中指出:"近年来,又出现了一个劳动技术教育的名称,这个名称值得推敲。如果要以它表达或在相当程度上表达综合技术教育,笔者认为是不恰当的。因为如果劳动技术教育指的是劳动的技术教育,那要求就太高了,如果指的是现代劳动的技术教育那要求就更高了。因为普通学校是不解决技术教育问题的,更解决不了现代劳动的技术教育问题。普通学校只能解决技术教育中的共同技术问题,即一般技术问题、基本技术问题,即专门技术的最一般的技术基础问题。所以从这个意义上说,把劳动技术教育理解为劳动的技术教育或现代劳动的技术教育,那这个要求就太高了,它不是义务教育和基础教育应该解决的问题。"又说:"如果把劳动技术教育理解为劳动教育和技术教育两者的合称,那么关于技术教育的提法也是值得讨论的。如前所述,义务教育和基础教育是要进行劳动教育的。问题在于技术教育的提法。技术教育一般可看作综合技术教育和专门技术教育的总称,基础教育一般是不进行专门技术教育,而只进行综合技术教育的,因而笼统地用技术教育就不恰当了。义务教育和基础教育没有进行专门技术教育的任务,也完成不了这个任务,它们只能进行基础技术教育或综合技术教育。"(成有信. 现代教育论集 [M]. 北京:人民教育出版社,2002:233-234.)

1. 劳动技术教育包含劳动教育

这是 20 世纪 80 年代直至 2018 年全国教育大会召开前的主流观点。何以言之？因为 1985 年 8 月出版的《中国大百科全书·教育》所持的就是这种观点。在该书中,既有"劳动教育"词条,也有"劳动技术教育"词条。对于"劳动教育",该书所做的界定是:"使学生树立正确的劳动观点和劳动态度,热爱劳动和劳动人民,养成劳动习惯的教育,是德育的内容之一。"[1] 对于"劳动技术教育",该书所做的界定是:"培养学生的劳动观点,形成劳动习惯,并使学生初步掌握一定劳动技术知识和技能的教育。……劳动技术教育是把劳动教育与工农业生产、社会服务性劳动的技术教育结合起来,既有利于促进学生德智体等方面的全面发展,也为他们将来的就业准备一定的条件。"[2] 依此,劳动技术教育是劳动教育与技术教育的结合。劳动教育是包含在劳动技术教育之内的。由于《中国大百科全书·教育》的当之无愧的权威性,这种观点几乎成为当时教育界的共识。一些教育学的教材比如南京师范大学《教育学》编写组编的《教育学》[3]、韩延明与王振中主编的《教育学》[4] 等,皆持此观点。

2. 劳动技术教育等同于劳动教育

持此观点者是《中小学的劳动技术教育》的作者刘世峰。他在该书中指出,劳动教育的概念有广义和狭义之分。从广义上说,劳动教育指的是"劳动素养方面的教育",涵盖了所有与劳动、生产和技术相关的教育活动。如果要特别强

---

[1] 中国大百科全书出版社编辑部. 中国大百科全书·教育 [M]. 北京:中国大百科全书出版社,1985:218.

[2] 中国大百科全书出版社编辑部. 中国大百科全书·教育 [M]. 北京:中国大百科全书出版社,1985:217.

[3] 该书对劳动技术教育的界定为:"劳动技术教育包括劳动教育和技术教育两个方面。劳动教育主要是培养学生的劳动观念、劳动习惯。……技术教育主要是使学生掌握一些基本的生产技术知识和劳动技能。"(南京师范大学《教育学》编写组. 教育学 [M]. 北京:人民教育出版社,1984:352.)

[4] 该书对劳动技术教育的界定为:"劳动技术教育是指在劳动实践的基础上,对受教育者进行劳动教育和基本生产技术教育,促进学生全面发展的一种教育活动。它包括两个方面:一是培养学生劳动观点,劳动态度和劳动习惯的劳动教育;一是向学生传授劳动知识和劳动技能的基本生产技术教育。但劳动技术教育不是劳动教育和基本生产技术教育的简单相加,而是在劳动实践基础上彼此渗透、相辅相成、不可分割的有机整体。"(韩延明,王振中. 教育学 [M]. 北京:教育科学出版社,1991:362-363.)

调这种教育的综合技术教育性质,也可以称之为"劳动综合技术教育",在中国一般称为"劳动技术教育"。就狭义的劳动教育来说,则专指以思想政治品德教育为目的的劳动教育,人们一般将其归入"劳动技术教育"范畴之中。就是说,狭义的劳动教育是劳动技术教育的一个组成部分,不能与劳动技术教育并列或视作同一概念。[①] 在他看来,广义的劳动教育是"劳动综合技术教育",就是我们国家的"劳动技术教育";而狭义的劳动教育则是劳动技术教育的一部分。就是说,他将劳动技术教育与劳动教育视为等同是从广义的劳动教育方面讲的。他的观点可以说是对当时主流观点的变通。

3. 劳动教育包含劳动技术教育

这是教育学家檀传宝的观点。他在《劳动教育的概念理解——如何认识劳动教育概念的基本内涵与基本特征》中指出,劳动教育旨在提升学生的劳动素养,推动他们实现全面发展。他坚持认为,劳动教育的核心内容是关于劳动价值观的教育。因此,他对劳动教育的定义为:通过培养学生形成劳动价值观(即确立正确的劳动观念、积极的劳动态度,热爱劳动和劳动人民等),以及养成良好的劳动素养(如培养劳动习惯、掌握一定的劳动知识与技能,以及具备开展创造性劳动的能力),来实现其教育目标。[②] 由此可见,檀传宝是把劳动技术教育列入劳动素养教育方面进而将其涵括在劳动教育中了。这与此前大多数学者的认识完全不同了。

当然,对于劳动教育概念的内涵,学界还有其他的观点。如刘向兵等主编的《新时代高校劳动教育论纲》一书,将学界关于劳动教育的内涵的认识概括为四类,分别是:将劳动教育主要视为德育的内容;将劳动教育主要视为智育的内容;将劳动教育视为德育和智育的综合体;将劳动教育视为促进学生全面发展的实践教育形式。在此基础上,该书作者还提出了自己对劳动教育概念的再认识。那就是:"作为全面发展的教育体系之一部分,我们既要看到劳动教育作为形式所具有的树德、增智、健体、育美的综合育人价值,更要看到劳动教育作为内容在国民素质养成中所具有的德智体美育不可替代的独特价值。因为作

---

① 刘世峰. 中小学的劳动技术教育 [M]. 北京:人民教育出版社,1987:77.
② 檀传宝. 劳动教育论要:现实畸变与起点回归 [M]. 北京:北京师范大学出版社,2020:50.

为合格的公民,每个人都应工作,都得劳动,所以,具备基本的劳动能力以及对劳动的正确认知、价值观和生活态度是最基本、最重要的公民素质。"①

(二)劳动教育的外延

概念外延要辨析的是概念适用的范围以及所含的类别。这项工作与对概念内涵的理解是直接相关的。对于劳动教育内涵理解的不同,会直接影响关于劳动教育外延的认识。

《中国大百科全书·教育》中指出,劳动技术教育可以包含劳动教育。因此,该书把劳动教育主要视为德育,认为劳动教育的主要内容有:一是树立学生正确的劳动观点,使他们懂得劳动的伟大意义;二是培养学生热爱劳动和劳动人民的情感;三是学习是学生的主要劳动,教育学生从小勤奋学习,将来担负起艰巨的建设任务。对于如何开展这些方面的教育问题,该书提出的实施方式为:"要通过生产劳动和公益劳动等来实施。学生在校期间,要按照教学计划的规定,适当参加劳动。"②与此相类似,南京师范大学《教育学》编写组选定的劳动技术教育的内容为:一是工业和手工艺生产劳动的知识和技术;二是农业生产劳动的知识和技术;三是服务性劳动、公益劳动的知识和技能;四是管理生产的初步知识和技能。就劳动教育的形式来说,编写组认为以劳动实践为主,具体包括:根据具体情况和条件,学生可以在学校内的工厂(车间)或农场(实验园地)进行劳动,也可以与附近的工厂、农场或生产队联系,参与劳动;农村中小学还可根据规定安排农忙假,让学生回家参与劳动;此外,所有学校都应组织学生参与校内外的公益劳动,城乡学校还应鼓励学生参与家务劳动。③这是把劳动教育融入技术教育中了。

坚持劳动教育可以包含劳动技术教育的论者,对劳动教育外延的认定也比较宽泛。比如黄济,他曾提出,劳动教育是一个广泛但不完全确定的概念。从其基本内容来看,包括生产技能劳动、社会公益劳动和生活服务劳动等;从基本素养的角度来看,包括劳动观念、劳动态度和劳动习惯等。总体而言,劳动教育

---

① 刘向兵,等. 新时代高校劳动教育论纲 [M]. 北京:社会科学文献出版社,2019:49.
② 中国大百科全书出版社编辑部. 中国大百科全书·教育 [M]. 北京:中国大百科全书出版社,1985:218.
③ 南京师范大学《教育学》编写组. 教育学 [M]. 北京:人民教育出版社,1984:363–364.

的基本任务主要集中在两个方面:一是培养劳动技能,二是促进思想品德的教育。[①] 倡导现代教育、在劳动教育中偏重智育的成有信,在关于劳动教育外延的认识上,也有将劳动技术教育纳入劳动教育的倾向。他将现代劳动教育的任务概括为四个方面,即"第一,培养学生的动手能力,学会各种自我服务劳动和生活服务劳动,培养独立生活能力,为进一步接受劳动教育和参加各种劳动活动奠定基础。第二,使学生掌握现代生产的基本科学技术知识和学会现代生产的基本技能,培养参加现代生产劳动的各种基本能力。第三,培养学生的意志、耐心、责任感和爱惜时间、遵守纪律、协同工作、爱护劳动资料等劳动心理品质以及热爱劳动的思想。第四,培养学生的劳动兴趣、进取精神和创造精神,促进学生个性的多方面发展,从而有利于学生的全面发展"[②]。在他看来,劳动教育活动的类型有游戏劳动、自我服务劳动和生活服务劳动、社会公益劳动、社会生产劳动、学习劳动、科学实验等科学研究劳动。

第二节　关于劳动教育研究的理论基础

马克思在《〈政治经济学批判〉导言》中,讲了一段对历史研究具有指导意义的话,那就是:"人体解剖对于猴体解剖是一把钥匙。反过来说,低等动物身上表露的高等动物的征兆,只有在高等动物本身已被认识之后才能理解。因此,资产阶级经济为古代经济等等提供了钥匙。但是,决不是像那些抹杀一切历史差别、把一切社会形式都看成资产阶级社会形式的经济学家所理解的那样。"[③] 马克思讲的这段话,具有普遍的方法论意义。它告诉我们,现实是由历史发展来的,人们应当站在现实的角度把握历史,但同时又要注意现实和历史的差别,不能把现实等同于历史。按照马克思的这一思想,研究中国传统劳动教育思想,也需要以现代社会的劳动教育思想为依据。我们据以指导、参照研究中国传统劳动教育思想的理论基础,是马克思主义经典作家及近代以来欧美资产阶级教育家和苏联无产阶级教育家的劳动教育思想。

---

① 石中英,于超.黄济教育思想论要 [M].福州:福建教育出版社,2016:240.
② 成有信.现代教育论集 [M].北京:人民教育出版社,2002:228-229.
③ 马克思.《政治经济学批判》导言 [M] // 马克思,恩格斯.马克思恩格斯选集:第二卷.北京:人民出版社,2012:705.

一、马克思主义经典作家关于劳动教育的思想

就马克思主义经典作家来说,他们关于劳动的论述有很多。正像有学者所指出的:"从某种程度上讲,马克思主义的整个思想体系是围绕着劳动问题展开的。"① 马克思主义经典作家不仅揭示了劳动创造历史和人类的历史唯物主义价值,也探讨了劳动创造财富的政治经济学价值,还论述了劳动促进人发展的教育学价值。马克思、恩格斯和列宁关于劳动的教育价值方面的思想观点,主要集中表现在他们关于教育与生产劳动相结合原理的著述中。

(一)教育与生产劳动相结合原理的时代背景

时代是思想之母。马克思在《哲学的贫困》中指出:"每个原理都有其出现的世纪。例如,权威原理出现在 11 世纪,个人主义原理出现在 18 世纪。"② 马克思主义的教育与生产劳动相结合原理当然也"有其出现的世纪",或者说,它的产生也有特定的时代背景。此时代背景具体包括两方面,一是它的社会经济条件,二是当时的思想基础。

1. 教育与生产劳动相结合原理产生的社会经济条件

马克思主义的教育与生产劳动相结合原理,植根于现代的社会化大生产。与传统的手工劳动不同,现代的社会化大生产是与不断发展的现代科学技术紧密联系的,而要应用现代的科学技术,就需要先接受这方面的教育。在现代大生产条件下,不仅专门的工程技术人员需要掌握科学技术,即便是一般工人也需要掌握一定的科学文化知识,他们还需要为适应不断变换的劳动在科学技术知识方面有较全面的发展。马克思指出:"大工业的本性决定了劳动的变换、职能的更动和工人的全面流动性。"他还强调:"承认劳动的变换,从而承认工人尽可能多方面的发展是社会生产的普遍规律,并且使各种关系适应于这个规律的正常实现。"但是,在资本主义条件下,工人甚至童工难以完全脱离生产劳动去接受正规的全面学校教育,因此必须将教育与生产劳动紧密结合。事实上,在资本主义社会中,教育和生产劳动的结合也部分地得到实现。就像马克思所讲的,技术综合学校和农业学校是这种变革过程中在大工业基础上自然发展的一

---

① 刘向兵,等. 新时代高校劳动教育论纲 [M]. 北京:社会科学文献出版社,2019:9.
② 马克思. 哲学的贫困 [M] // 马克思,恩格斯. 马克思恩格斯选集:第一卷. 北京:人民出版社,2012:227.

部分;职业学校则是另一个关键组成部分,这些学校为工人子女提供了有关工艺学和各种生产工具实际操作的教育。①

马克思进而认为,一旦工人阶级掌握政权,就应当更加自觉地推进教育与生产劳动的结合,以确保理论与实践并重的工艺教育在工人学校中占主导地位。他指出,如果说工厂立法作为"从资本那里争取来的最初的微小让步",仅是将"初等教育同工厂劳动结合起来",那么毫无疑问,工人阶级在夺取政权后,将使理论和实践的工艺教育在工人学校中得到充分的发展。② 恩格斯说:"在社会主义社会中,劳动将和教育相结合,从而既使多方面的技术训练也使科学教育的实践基础得到保障。"③ 列宁在 19 世纪末和十月革命后也多次论述过这一问题。他在《民粹主义空想计划的典型》中指出:"没有年轻一代的教育和生产劳动的结合,未来社会的理想是不能想象的:无论是脱离生产劳动的教学和教育,或是没有同时进行教学和教育的生产劳动,都不能达到现代技术水平和科学知识现状所要求的高度。"④ 在 1919 年撰写的《俄共(布)纲领草案》中,列宁强调:"对未满 16 岁的男女儿童一律实行免费的义务的普通教育和综合技术教育(从理论上和实践上熟悉各主要生产部门)。"⑤

2. 教育与生产劳动相结合原理产生的思想基础

教育与生产劳动相结合这一原理,是伴随着资本主义大工业产生和发展而形成的。它也不是马克思和恩格斯首先提出的,早在他们之前,就有很多思想家论及过。这些思想家的相关论述,对马克思主义经典作家的教育与生产劳动相结合原理的形成产生了重要影响。

最早提出教育与生产劳动结合思想的,是 16 世纪英国的思想家、空想社

① 马克思. 资本论:第一卷[M] // 马克思,恩格斯. 马克思恩格斯文集:第五卷. 北京:人民出版社,2009:560-561.
② 马克思. 资本论:第一卷[M] // 马克思,恩格斯. 马克思恩格斯文集:第五卷. 北京:人民出版社,2009:561-562.
③ 恩格斯. 反杜林论[M] // 马克思,恩格斯. 马克思恩格斯选集:第三卷. 北京:人民出版社,2012:710.
④ 人民教育出版社教育室. 马克思恩格斯列宁论教育[M]. 北京:人民教育出版社,1993:111.
⑤ 人民教育出版社教育室. 马克思恩格斯列宁论教育[M]. 北京:人民教育出版社,1993:112.

主义学说的创始人莫尔(图 1.3)。他的《乌托邦》(图 1.4)一书中有颇多关于劳动教育的记述。莫尔在该书中写道:"乌托邦人不分男女都以务农为业。他们无不从小学农,部分是在学校接受理论,部分是到城市附近农庄上作实习旅行","每人除我所说的都要务农外,还得自己各学一项专门手艺。这一般是毛织、麻纺、圬工、冶炼或木作"。[①] 此外,莫尔还提出体力劳动与脑力劳动相结合的思想。他说:"乌托邦宪法规定:在公共需要不受损害的范围内,所有公民应该除了从事体力劳动,还有尽可能充裕的时间用于精神上的自由及开拓,他们认为这才是人生的快乐。"[②] 其他空想社会主义者,有的也对劳动教育问题提出了自己的主张。比如法国空想社会主义者傅立叶,特别注重生产劳动的教育意义,认为它是促进人的全面发展的手段。他在谈到和谐制度下的教育时指出:"协作教育的目的在于实现体力和智力的全面发展,把他们全部精力、甚至把娱乐都用在生产劳动上。"[③] 他主张儿童从四岁开始就能熟练地参加二十多个工种的工作,"轮流锻炼自己的体力和智力,使之都能得到充分的发展"[④]。这些观点对马克思和恩格斯的思想也产生了一定影响。

图 1.3 莫尔

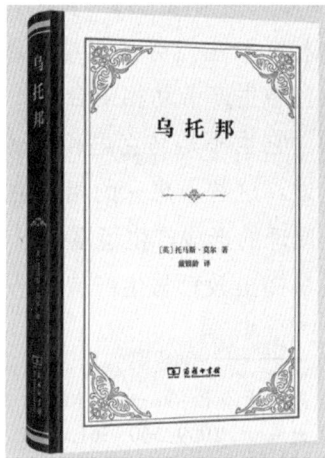

图 1.4 《乌托邦》

① 莫尔. 乌托邦 [M]. 戴馏龄,译. 北京:商务印书馆,1982:55-56.
② 莫尔. 乌托邦 [M]. 戴馏龄,译. 北京:商务印书馆,1982:60.
③ 傅立叶. 傅立叶选集:第三卷 [M]. 冀甫,译. 北京:商务印书馆,1964:217.
④ 傅立叶. 傅立叶选集:第三卷 [M]. 冀甫,译. 北京:商务印书馆,1964:65.

不过,对马克思主义经典作家产生更大影响的,是英国空想社会主义者欧文(图1.5)关于教育同生产劳动相结合的理论和实践。"马克思、恩格斯以及列宁,从对现代生产和现代科学的革命性及其和现代教育的相互关系的特点的认识中,从欧文的教育实验及英国工厂法实施的实践中,看到了现代教育和现代生产劳动相结合的必然性。"[1] 欧文认为,只有通过教育,使所有人都能接受教育和生产劳动的结合训练,才能消除脑力与体力劳动之间的对立。他在《致拉纳克郡报告》中指出:"从原则上讲,人类劳动或人类所运用的体力与脑力的结合是自然的价值标准。"[2] 和自己的理论建树相比,欧文的实践活动显得更重要。1842年,他在美洲建起"新和谐实验区",在实验区中开办"工业和农业学校",给不同年龄的儿童安排内容丰富的劳动实践课:有工厂劳动,如制鞋、剪裁、缝纫、织袜、精纺、木工、石印、雕刻等;有园地劳动,如园艺、作物栽培、畜牧等;还有家务劳动,如烹饪、收拾房间等。为保证儿童学习与劳动结合,他还对时间进行交替分配,以保证儿童"合理性格"的正常培养(图1.6)。需要说明的是,欧文主张将教育与大工业劳动结合,这和其他空想社会主义者教育与手工劳动结合的主张有不同。欧文在这方面的工作也得到马克思和恩格斯的高度评价,曾被马克思称为"未来教育的胚芽"。

图1.5　欧文

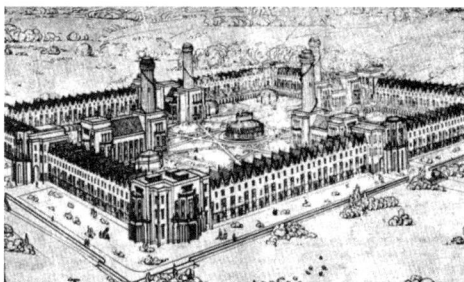

图1.6　新和谐实验区

除了空想社会主义思想家,一些资产阶级学者的相关思想对马克思主义的经典作家也产生了影响。其中非常值得提及的是英国17世纪资产阶级政治经济学家贝靳斯。他曾提出过《关于创办一所一切有用的手工业和农业的劳动

---

① 成有信. 现代教育论集 [M]. 北京:人民教育出版社,2002:171.
② 欧文. 欧文选集:第一卷 [M]. 柯象峰,何光来,秦果显,译. 北京:商务印书馆,1979:309-310.

学院的建议》。马克思在《资本论》的一页注释中评述过其中的观点。马克思指出："政治经济学史上一个真正非凡的人物约翰·贝勒斯，早在17世纪末就非常清楚地懂得，必须废除现行的教育和分工，因为这种教育和分工按照相反的方向在社会的两极上造成一端肥胖，一端枯瘦。他说得很好：'游手好闲的学习并不比学习游手好闲好……体力劳动是上帝原本安排的……劳动对于身体健康犹如吃饭对于生命那样必要，因为悠闲固然使一个人免掉痛苦，但疾病又会给他带来痛苦……劳动给生命之灯添油，而思想把灯点燃……一种愚笨的儿童劳动（这是对巴泽多及其现代模仿者们的充满预感的反驳）会使儿童的心灵愚笨。'"①从马克思转述的内容看，贝勒斯通过假借上帝的名义指出了体力劳动对于教育的必要性。

（二）教育与生产劳动相结合原理的基本内容

马克思、恩格斯、列宁三位马克思主义的经典作家，根据机器大工业生产的社会发展要求，在批判继承此前空想社会主义思想家和资产阶级学者相关思想成果的基础上，创立并不断丰富和发展教育与生产劳动相结合的原理。在《共产党宣言》《临时中央委员会就若干问题给代表的指示》《资本论》《哥达纲领批判》《反杜林论》《民粹主义空想计划的典型》等论著中，他们对此原理做出了深刻论述，所表达的主要观点体现在马克思讲的两段话中。

其中有一段来自《资本论》："正如我们在罗伯特·欧文那里可以详细看到的那样，从工厂制度中萌发出了未来教育的幼芽，未来教育对所有已满一定年龄的儿童来说，就是生产劳动同智育和体育相结合，它不仅是提高社会生产的一种方法，而且是造就全面发展的人的唯一方法。"②

另一段来自《哥达纲领批判》："在按照不同的年龄阶段严格调节劳动时间并采取其他保护儿童的预防措施的条件下，生产劳动和教育的早期结合是改造现代社会的最强有力的手段之一。"③

---

① 马克思. 资本论：第一卷 [M] // 马克思，恩格斯. 马克思恩格斯文集：第五卷. 北京：人民出版社，2009：562.

② 马克思. 资本论：第一卷 [M] // 马克思，恩格斯. 马克思恩格斯文集：第五卷. 北京：人民出版社，2009：556-557.

③ 马克思. 哥达纲领批判 [M] // 马克思，恩格斯. 马克思恩格斯选集：第三卷. 北京：人民出版社，2012：377.

上面两段话,主要从社会功能作用的角度,将教育与生产劳动相结合原理的内涵概括为三个命题。

1. 教育与生产劳动相结合是"造就全面发展的人的唯一方法"

马克思提出的教育与生产劳动相结合可以造就全面发展的人的主张,是建立在对机器大工业生产做出深入考察的基础上的。马克思指出:"大工业还使下面这一点成为生死攸关的问题:用适应于不断变动的劳动需求而可以随意支配的人,来代替那些适应于资本的不断变动的剥削需要而处于后备状态的、可供支配的、大量的贫穷工人人口;用那种把不同社会职能当作互相交替的活动方式的全面发展的个人,来代替只是承担一种社会局部职能的局部个人。"① 在马克思看来,机器大工业生产的特点是科学技术在生产上的自觉运用,它把生产技术从工人身上转移到机器上,这就要求打破使人终生被束缚在某一种劳动职能上的旧的劳动固定分工。恩格斯在描述社会主义时说,一个摆脱了资本主义生产局限的社会能够更大踏步地前进。这样的社会培养出全面发展的生产者一代,他们深谙整个工业生产的科学基础,并且每个人都通过实际体验理解生产部门的整个过程。因此,这种社会将创造出新的生产力,足以轻松弥补远距离运输原料或燃料所需的劳动成本。② 其中也包含打破旧式分工的问题。列宁在《共产主义运动中的"左派"幼稚病》中指出:"消灭人与人之间的分工,教育、训练和培养出全面发展的和受到全面训练的人,即会做一切工作的人。共产主义正在向这个目标前进,必须向这个目标前进,并且一定能达到这个目标。"③ 而要实现这个目标,就必须"把教育和儿童的社会生产劳动紧密结合起来"④。

2. 教育与生产劳动相结合是"提高社会生产的一种方法"

科学技术是推动社会生产发展的最强大的杠杆。在资本主义社会大生产的背景下,科学技术飞速发展。这不仅改变了生产方式和劳动效率,还深刻影响

① 马克思. 资本论:第一卷 [M] // 马克思,恩格斯. 马克思恩格斯文集:第五卷. 北京:人民出版社,2009:561.

② 恩格斯. 反杜林论 [M] // 马克思,恩格斯. 马克思恩格斯选集:第三卷. 北京:人民出版社,2012:684.

③ 人民教育出版社教育室. 马克思恩格斯列宁论教育 [M]. 北京:人民教育出版社,1993:101.

④ 人民教育出版社教育室. 马克思恩格斯列宁论教育 [M]. 北京:人民教育出版社,1993:112.

了社会结构和人类生活的各个方面。马克思指出:"现代工业的技术基础是革命的,而所有以往的生产方式的技术基础本质上是保守的。现代工业通过机器、化学过程和其他方法,使工人的职能和劳动过程的社会结合不断地随着生产的技术基础发生变革。"① 要成为合格的现代生产者,必须通过受教育掌握现代技术。马克思主义经典作家倡导的教育与生产劳动相结合原理,特别是提出的综合技术教育方法可以解决这一问题。马克思指出:"我们把教育理解为以下三件事:第一:智育。第二:体育,即体育学校和军事训练所教授的那种东西。第三:技术教育,这种教育要使儿童和少年了解生产各个过程的基本原理,同时使他们获得运用各种生产的最简单的工具的技能。"又说:"对儿童和少年工人应当按不同的年龄循序渐进地授以智育、体育和技术教育课程。……把有报酬的生产劳动、智育、体育和综合技术教育结合起来,就会把工人阶级提高到比贵族和资产阶级高得多的水平。"② 列宁特别重视综合技术教育,他在《关于综合技术教育》一文中,对要改为职业技术学校的第二级学校提出要求,"不变成培养手艺人的学校","避免过早地专业化",要同俄罗斯国家电气化委员会合作,"立即向综合技术教育过渡","在所有的职业技术学校里增设普通课程",使学生不仅具有"广泛的普通知识(懂得某些学科的最基本原理;明确指出是哪些学科)",而且"具有综合技术的见识和综合技术教育的基本(初步)知识",比如关于电的基本概念,关于全俄电气化计划的基本概念,关于农艺学的某些原理,等等。③

3. 教育与生产劳动相结合是"改造现代社会的最强有力的手段之一"

马克思提出要改造的"现代社会",指的是当时的资本主义社会。马克思作为伟大的革命导师,毕生都在为推翻资本主义社会建立共产主义社会而奋斗,虽然他最终也没有完成这个神圣的使命。在关于现代社会中普及教育的发言中,马克思认为这个问题有一种特殊的难处,原因在于:"一方面,为了建立正确的教育制度,需要改变社会条件,另一方面,为了改变社会条件,又需要相应

---

① 马克思. 资本论:第一卷 [M] // 马克思,恩格斯. 马克思恩格斯文集:第五卷. 北京:人民出版社, 2009:560.
② 人民教育出版社教育室. 马克思恩格斯列宁论教育 [M]. 北京:人民教育出版社,1993:104-105.
③ 人民教育出版社教育室. 马克思恩格斯列宁论教育 [M]. 北京:人民教育出版社,1993:114-115.

的教育制度。"[1]这句话意思是说，要想解决普及教育的问题，就要"改变社会条件"，即推翻资本主义制度；同样，想要"改变社会条件"，就要建立相应的教育制度。这后一方面就强调了教育对改造社会，即推翻资本主义制度的意义。要推翻资本主义制度，就必须通过教育提高工人阶级的思想觉悟。但是，在当时条件下，工人子女要得到受教育的机会是不容易的，毕竟他们的父母连供养子女生活都力不从心，更遑论教育了。因此，为了年轻一代工人的健康成长，采取一边劳动一边学习这样一种教育和生产劳动相结合的形式也就自然而然了。在《哥达纲领批判》中，马克思明确提出，如果有可能实行普遍禁止童工的措施，那是"反动的"，因为对工人阶级是不利的。当然，在这个过程中，工人阶级还必须通过斗争来限制童工和少年工的劳动时间，借此争取受教育的权利。列宁在关于综合技术教育的论述中，就明确要求在课程的教学大纲里列入"共产主义""革命史""1917年革命史"的内容。这显然是为了"改造现代社会"考虑的。

二、近代以来欧美教育家关于劳动教育的思想

在劳动教育的问题上，有一种不正确的观点，该观点认为：是否开展劳动教育或者说是否坚持教育与生产劳动相结合，是社会主义教育与资本主义教育的根本不同。这与事实显然是不符的。劳动教育的理论和实践，恰恰是从资本主义时期开始的，如前文所述的英国的思想家贝靳斯及空想社会主义者欧文，对马克思就产生过深刻影响。事实上，很多欧美教育家提出过劳动教育思想或进行过实践。苏联教育家克鲁普斯卡雅在《国民教育和民主主义》一书中，以马克思主义的观点为指导，对教育与生产相结合的思想和实践做了全面的历史考察[2]。该书评述了卢梭、裴斯泰洛齐、杜威等人的相关思想和实践。这些欧美教育家的思想和实践，对中国也产生了重要影响。

---

[1] 马克思. 卡·马克思关于现代社会中的普及教育的发言记录 [M] // 马克思, 恩格斯. 马克思恩格斯全集：第十六卷. 北京：人民出版社, 1964：654.

[2] 克鲁普斯卡雅在《国民教育和民主主义》"初版序言"中说："作者撰写本书的目的，是为了探索在民主主义条件下国民教育必须使生产劳动同智力发展相结合的观点是怎样产生和发展起来的。"（克鲁普斯卡雅. 克鲁普斯卡雅教育文选：上 [M]. 卫道治, 译. 北京：人民教育出版社, 2006：146. ）

(一)卢梭

卢梭(1712—1778,图1.7)是法国著名启蒙思想家、文学家。他非常重视教育的作用,曾撰写教育小说《爱弥儿》(图1.8)。在这部小说中,卢梭在对不平等的、戕害人性的封建经院主义教育进行激烈批判的同时,还提出了自己的自然教育理论。卢梭根据儿童发展的自然进程,将需要依次开展的教育分为四个阶段[①],其中第三个阶段的任务就包括劳动教育。他在这方面的思想主要包括如下观点。

图1.7 卢梭

图1.8 《爱弥儿》

其一,每个社会的人都必须劳动。他认为,"劳动是社会的人不可豁免的责任",如果一个人在社会之外与世隔绝,这样对其他人就没有欠债,因此无须承担什么责任。但是,一个人生活在社会中,就必然借助他人的力量生活,因此也必须通过劳动向他人偿付自己生活的费用。他还提出,任何一个公民,不管是贫富与强弱,"只要他不干活,就是一个流氓"[②]。在对不劳而获社会现象的斥责中,卢梭表达了对受教育者都能成为自食其力者的希望。

其二,在手工劳动中实现身体锻炼和精神锻炼相结合。在借以谋生的劳动中,卢梭最推崇的是木工一类的手工劳动。在他看来,这种劳动有很多优点,其中之一就是使学生"养成锻炼身体和手工劳动的习惯的同时,在不知不觉中还

---

① 这四个阶段是:"从初生到两岁的婴儿期,主要任务是保障婴儿的身体健康;两岁至十二岁时,继续进行体育和发展各种感觉;十二岁至十五岁期间,要进行广泛的学习,接受劳动教育;最后,从十五岁到成年,再进行道德教育。"(王天一,夏之莲,朱美玉. 外国教育史:上[M]. 北京:北京师范大学出版社,1984:279.)

② 卢梭. 爱弥儿——论教育:上[M]. 李平沤,译. 北京:商务印书馆,1978:262.

培养了他爱反复思考的性情"。卢梭认为,教育的最大秘诀就是"使身体锻炼和思想锻炼互相调剂",他因此要求学生"像农民那样劳动,像哲学家那样思考"。[①]卢梭认为,这样可以在锻炼学生身体灵活性的过程中培养其创造思维。

其三,让学生参加劳动可以帮助他们了解其中的社会意义。对此,卢梭通过自然的技术和工业的技术的比较来说明。他说:"自然的技术,是单独一个人就可以操作的……而工业的技术,操作起来就需要许多人合作了。"[②]要理解人类的相互依赖,就需要让学生参加劳动。在卢梭看来,"只有亲自参加劳动,根据经验了解了它的全部复杂性、艰巨性等等,学生今后才能判断某一生产部门的社会意义"[③]。

(二)裴斯泰洛齐

裴斯泰洛齐(1746—1827,图1.9),瑞士著名教育实践家和教育理论家。他幼年时生活在瑞士的农村,当时瑞士农民正承受着封建地主和新兴资产阶级的双重压迫。他对农民的贫苦悲惨生活十分同情。在卡罗林学院学习时,裴斯泰洛齐读过卢梭的《社会契约论》和《爱弥儿》,受到深刻的思想影响。他致力于教育贫苦儿童的事业,办孤儿院收容孤儿和流浪儿童,把教育和生产劳动结合起来,让他们一面从事农业和纺织业劳动,一面学习读、写、算,并接受道德教育。裴斯泰洛齐关于劳动教育的观点主要见于他的小说《林哈德和葛笃德》(图1.10),他通过小说人物的言行表达了自己的劳动教育主张。

裴斯泰洛齐倡导并实践教育与生产劳动相结合原则。在《林哈德和葛笃德》中,他讲到葛笃德教育子女时,就是让他们"一面纺纱一面读书认字","孩子们都把书翻开了,找着指定今天要读的篇页和行句。纺车的轮盘仍然辘辘地转动不停,孩子们只用眼睛看着书本"。[④]小说中讲到葛笃德的孩子们"一面纺纱一面读书认字"的情形想来是很不可能的事情。实际上裴斯泰洛齐是借此表达教育与生产劳动相结合的思想。受到葛笃德启发的格吕菲,在之后开展的教育改

① 卢梭. 爱弥儿——论教育:上 [M]. 李平沤,译. 北京:商务印书馆,1978:274.
② 卢梭. 爱弥儿——论教育:上 [M]. 李平沤,译. 北京:商务印书馆,1978:246.
③ 克鲁普斯卡雅. 克鲁普斯卡雅教育文选:上 [M]. 卫道治,译. 北京:人民教育出版社,2006:158.
④ 斐斯泰洛齐. 林哈德和葛笃德:下 [M]. 北京编译社,译. 北京:人民教育出版社,2005:479-480.

革中特别注重发挥孩子们的手和脑并用的能力,创造了"功课与劳作相结合"的教法。在裴斯泰洛齐看来,"使功课劳作合一,提倡职业训练,是提高人的工作能力,增加实际生产量的最好的途径"。他坚信,这是一个"伟大的主张","抓着了人生的真正需要,找到了造成幸福和保证生活的根源"。①

图 1.9 裴斯泰洛齐

图 1.10 《林哈德和葛笃德》

    裴斯泰洛齐特别强调了劳动对人成长和发展的重要作用。他认为:"世人不该靠别人来养活自己。整个宇宙和整个历史都是让人类各自谋生,不可相互依赖。对人最好的帮助,就是教人自食其力。若不劳作,便不成人。"②他在《林哈德和葛笃德》中讲道,县长亚尔纳让那些酒徒到泥炭厂工作,使他们走上了正道,"通过开发实业和就业劳动,这些人都归正了。……由于劳动使人向善,思想也就端正起来"③。裴斯泰洛齐还认为,要真正帮助一个人,无论是学习实用技能还是培养学识和艺术修养都必须经过"流汗锻炼"。如果没有通过艰苦的锻炼,即使学习了科学或艺术,最终结果也"像大海里的泡沫",看似是深渊中冒出

---

① 斐斯泰洛齐. 林哈德和葛笃德:下 [M]. 北京编译社,译. 北京:人民教育出版社,2005:739.

② 斐斯泰洛齐. 林哈德和葛笃德:下 [M]. 北京编译社,译. 北京:人民教育出版社,2005:733.

③ 斐斯泰洛齐. 林哈德和葛笃德:下 [M]. 北京编译社,译. 北京:人民教育出版社,2005:617.

来的岩石,表面上坚固,实则空虚,经不起风浪考验,一碰就会破火。① 这是讲劳动教育对智育及美育方面的作用。

裴斯泰洛齐的劳动教育思想和实践,对英、法、美等国的影响很大。他的学说在清末传入中国,对中国的初等教育也产生了相当大的影响。

(三)杜威

杜威(1859—1952,图1.11),美国著名哲学家、教育家,一生从事教育活动和哲学、心理学与教育理论的著述活动,对美国乃至世界现代教育的发展作出了突出的贡献。他被美国人称为"创立美国教育学的首要人物"。杜威在五四运动前夕来到中国,在胡适等人的陪同下,到中国各地做讲演,宣传自己的教育主张,直到1921年才离开中国。在中国,杜威还有陶行知②这样从事教育事业的杰出学生。他对旧中国教育的影响是非常大的。③ 在《明日之学校》《民主主义与教育》(图1.12)等著作中,杜威有关于劳动教育的专门论述,他的观点主要包括如下方面。

图1.11 杜威

图1.12 《民主主义与教育》

---

① 裴斯泰洛齐. 林哈德和葛笃德:下[M]. 北京编译社,译. 北京:人民教育出版社,2005:598.

② 陶行知先生在美留学期间曾在杜威等美国教育家指导下研究教育,回国后以极大的热情吸取杜威教育思想中在他看来是有用的东西,并加以改造,在一些城市设立实验学校,成立生活教育社、儿童教育社、平民教育促进会等团体,推行活教育、生活教育等理论。

③ 杜威的弟子胡适在《杜威先生与中国》一文中指出:"自从中国与西洋文化接触以来,没有一个外国学者在中国思想界的影响有杜威先生这样大。"(胡适. 杜威先生与中国[M]//欧阳哲生. 胡适文集:第二卷. 北京:北京大学出版社,1998:279.)

其一，倡导劳动和闲暇的结合。杜威认为，在教育史上自古就有两种对立的教育：一是"为有用劳动做准备的教育"，也就是为"奴役于人的""必须为谋生而劳动的阶级"提供的；二是"为闲暇生活做准备的教育"，或者说为"自由的""可以免于劳动的阶级"提供的。杜威主张将这两种教育结合起来，"比较直接地以闲暇作为目标的教育，应该尽可能间接地加强效率和爱好劳动，而以效率和爱好劳动为目的的教育，应该培养情感和智力的习惯，促进崇高的闲暇生活"①。他还提出："让一个从事脑力劳动的人知道怎样做工厂工人做的事情，它的价值就跟让后者知道他在做的机器模型是怎样描绘的，工厂中动力供应的原理是什么是一样的。"②

其二，在一定程度上肯定了体力劳动的地位。杜威认为，每个人都必须参与一定的劳动，"这是理所当然的"。人类的生存需要工作，以提供生活所需的资料。在他看来，即使我们坚持认为与谋生相关的兴趣只是物质层面的兴趣，并认为这种兴趣低于那些与无须劳动享受的时光相关的兴趣，即使我们承认物质利益有其吸引力，足以在某些情况下优先于高级的理想利益，但是如果不考虑社会阶级差异，我们就不应该轻视培养人们从事有用的职业的教育，而应特别关注这些职业。这种教育可以有效地训练人们从事这些职业，并且保持他们原有的社会地位。教育的目的在于避免因为忽视而导致的不良后果。③ 他肯定了体力劳动即"有用的劳动"的价值，同时提出这种劳动被轻视是由于社会被分成劳动阶级和闲暇阶级的缘故。

其三，提出"从做中学"，重视劳动在教育过程中的作用。"从做中学"是杜威教学理论的基本原则。这个原则中的"做"，就是"实践"或者"活动"。他指出："'从做中学'是一句口号，这句口号几乎可以用来作为对许多教师正在试图实施这种调节的方式的一个一般的描述。一个儿童要学习的最难的课程就是实践课，假如他学不好这门课程，再多的书本知识也补偿不了。"④ 这是强调手工劳

---

① 杜威. 民主主义与教育 [M]. 王承绪，译. 北京：人民教育出版社，2001：268.
② 杜威. 学校与社会·明日之学校 [M]. 赵祥麟，任钟印，吴志宏，译. 北京：人民教育出版社，2005：347.
③ 杜威. 民主主义与教育 [M]. 王承绪，译. 北京：人民教育出版社，2001：269.
④ 杜威. 学校与社会·明日之学校 [M]. 赵祥麟，任钟印，吴志宏，译. 北京：人民教育出版社，2005：250.

动在教学中的作用。他认为,最能贯彻这一教学原则的,体现在职业教育方面。杜威在论述工业教育时谈到学校的职业课程,他指出:"儿童的时间有四分之一甚至二分之一用于手工训练上……现在学生由于手工提供了动机,不仅所得书本知识与过去实际上全部时间用于读书的所得一样多,而且事实上比过去学得更好。"①

三、苏联教育家关于劳动教育的思想

是否开展劳动教育虽然不是资本主义教育和社会主义教育的根本区别,但是,社会主义国家重视劳动教育确是近代以来社会历史发展的不争的事实。毕竟,教育与生产劳动相结合是马克思主义教育的基本原理。因此,它们在开展教育事业的过程中,自然重视劳动教育。就苏联来说,不同阶段②的教育家都有关于劳动教育的专门论述,他们的思想对中华人民共和国成立后的教育理论和实践产生了重要影响。

(一)克鲁普斯卡雅的劳动教育思想

克鲁普斯卡雅(1869—1939,图1.13),苏联著名教育家,革命导师列宁的夫人和战友。她一生致力于研究马克思主义的教育科学,特别重视劳动教育问题。她在十月革命前完成的重要著作《国民教育和民主主义》就是论述劳动教育和综合技术教育的。在克鲁普斯卡雅的教育思想体系中,劳动教育和综合技术教育占有特殊重要的地位。据统计,她在这方面的文章和演说有一百多篇。

---

① 杜威.学校与社会·明日之学校[M].赵祥麟,任钟印,吴志宏,译.北京:人民教育出版社,2005:350.

② 对于苏联教育理论的发展,有学者将其分为三个历史阶段:从十月革命至20世纪30年代中期为第一阶段,这是苏联"对以马克思主义为基础的、建立社会主义教育理论的探索时期,著名的教育活动家和教育理论家克鲁普斯卡雅、马卡连柯是其主要代表人物";20世纪30年代中期至20世纪50年代后期为第二阶段,这是苏联"教育理论初步形成时期,凯洛夫、冈察洛夫属于这一时期的主要代表人物";从20世纪50年代后期开始进入第三阶段,这是苏联"教育理论新的发展时期,其主要代表人物有赞科夫、苏霍姆林斯基和巴班斯基等"。(王天一,夏之莲,朱美玉.外国教育史:下[M].北京:北京师范大学出版社,1993:336.)

图 1.13　克鲁普斯卡雅

　　在《国民教育和民主主义》一书中,克鲁普斯卡雅根据马克思主义学说,认为近代学校发展的必然趋势就是由读书学校向劳动学校的转变。她在该书的结尾写道:"只要学校掌握在资产阶级手里,那么劳动学校就是损害工人阶级利益的一种工具。只有工人阶级才能使劳动学校成为'改造现代社会的工具'。"[①]可见,她把实行教育与生产劳动相结合的教育理想和工人阶级的革命事业联系在一起了。十月革命胜利后,克鲁普斯卡雅在改造旧学校的过程中,始终致力于把旧的读书学校改造成为劳动学校的工作。她认为,资产阶级的国民学校是读书学校,如果中等教育和高等教育的宗旨不改变,中等和高等学校仍然保持纯知识脱离实际生活的性质,没有将教育与生产劳动结合起来,那么,学校的阶级性质就不可能发生改变。[②]

　　克鲁普斯卡雅论述了学生在学校参加生产劳动活动的重大教育意义。这主要有:它可以使学生获得从事劳动和组织劳动工作的技巧;它能够培养学生的"内在纪律",如坚韧、毅力、耐心、不知疲倦;它"还可以教儿童认识自己,检验自己个人的力量和能力",并"可以全面地发展自己的能力";特别重要的是,集体劳动可以培养学生的其他宝贵品质,比如学会安排自己的时间、组织自己

---

① 克鲁普斯卡雅.克鲁普斯卡雅教育文选:上[M].卫道治,译.北京:人民教育出版社,2006:232.

② 克鲁普斯卡雅.克鲁普斯卡雅教育文选:上[M].卫道治,译.北京:人民教育出版社,2006:256.

的劳动等。① 因此,克鲁普斯卡雅特别重视集体劳动。"集体劳动可以培植团结感情。通过集体劳动,我们能够把他们培养成自觉的集体主义者。这样的人,这样的少年,他们将用完全不同的眼光看待一切事物。"② 她把劳动教育思想与集体主义教育思想有机地结合起来。

克鲁普斯卡雅认为,发端于近代的劳动教育实际上是综合技术教育,这也是社会主义国家要着力开展的。她指出:"如果工人没有受过广泛的普通教育、政治教育和综合技术教育的训练,那么我国的建设就不可能沿着社会主义的道路前进。"③ 综合技术教育的内容是什么呢?克鲁普斯卡雅认为:"在实施综合技术教育的学校里,劳动的学习一方面应该授予学生一般的劳动技巧……另方面,能从技术、劳动组织及劳动过程的社会意义来理解劳动过程。"就是说,它不仅仅向学生传授劳动技巧,这一点与职业学校的教育是不同的,"在实施综合技术教育的学校里,重点是理解劳动过程,发展把理论和实际结合起来的能力,发展理解一定现象的相互关系的能力,而在职业学校里,重点是使学生获得一些劳动技巧"④。

(二)马卡连柯的劳动教育思想

马卡连柯(1888—1939,图 1.14),苏联著名教育家。十月革命胜利后,马卡连柯主要从事对流浪儿和少年违法者的教育改造工作。他先后创办了高尔基工学团与捷尔任斯基儿童劳动公社,经过十六年的艰苦努力,使数百名犯罪儿童成长为新人。马卡连柯的教育文艺名著《教育诗》和另一部教育文艺名著《塔上旗》分别总结了他在高尔基工学团与捷尔任斯基儿童

图 1.14　马卡连柯

① 克鲁普斯卡雅. 克鲁普斯卡雅教育文选:上 [M]. 卫道治,译. 北京:人民教育出版社,2006:285.
② 克鲁普斯卡雅. 克鲁普斯卡雅教育文选:下 [M]. 卫道治,译. 北京:人民教育出版社,2006:186.
③ 克鲁普斯卡雅. 克鲁普斯卡雅教育文选:下 [M]. 卫道治,译. 北京:人民教育出版社,2006:98.
④ 克鲁普斯卡雅. 克鲁普斯卡雅教育文选:下 [M]. 卫道治,译. 北京:人民教育出版社,2006:116-117.

劳动公社工作的教育经验。他的其他著作如《论共产主义教育》也有关于劳动教育的论述。马卡连柯在这方面的主要观点如下。

其一,教育不能离开劳动。马卡连柯指出:"正确的苏维埃教育如果是不劳动的教育,那是不能想象的。劳动永远是人类生活的基础,是创造人类生活和文明幸福的基础。……因此,在教育工作中,劳动也应当是最基本的因素之一。"[①] 在他看来,劳动具有综合育人的功能,对于德育和体育具有重要的作用。他提出,努力劳动不仅能够培养人的工作能力,还能够培养同志间的关系,即培养一个人对其他人应有的正确态度,这是一种道德修养。当然,劳动对人的体力发展也具有重要意义,对体育而言是不可或缺的因素。相比较而言,劳动的最大益处在于其对个体道德和精神上的发展。[②]

其二,劳动不能离开教育,因为劳动本身并不包含教育。他认为,在任何情况下,如果劳动没有伴随政治和社会教育,就无法实现教育的益处,劳动将变成一个无效的过程。虽然也可以强迫个体进行劳动,但如果未对其进行政治和道德教育,未使其融入社会和政治生活,这样的劳动就是无效的。他指出:"只有把劳动作为总的体系的一部分时,劳动才可能成为教育的手段。"[③] 马卡连柯的这一见解,是他在长期总结流浪儿教育经验基础上提出来的,也是符合社会主义学校劳动教育规律的。

其三,劳动应该是创造性的,要以"最新技术"为目的。马卡连柯提出:"在苏维埃国家里,每一种劳动都应当是创造性的劳动,因为这种劳动完全是为了创造劳动者的社会财富和国家文明。教育学生从事创造性的劳动是教育者的特别任务。"如何才能进行创造性劳动呢?他指出:"只有当人们对工作发生爱好的时候,只有当人们自觉地在工作中感到快乐并了解劳动的利益和必要的时候,只有当劳动成为表现人格和才能的主要形式的时候,才可能有创造性的劳动。"[④] 从马卡连柯的教育实践看,他组织的高尔基工学团和捷尔任斯基儿童劳动公社都是从一般生产劳动开始,进而发展为对学生现代生产技术的训练。

---

① 吴式颖,等.马卡连柯教育文集:下[M].北京:人民教育出版社,2005:528.
② 吴式颖,等.马卡连柯教育文集:下[M].北京:人民教育出版社,2005:530.
③ 马卡连柯.论共产主义教育[M].刘长松,杨慕之,译.北京:人民教育出版社,1962:236.
④ 吴式颖,等.马卡连柯教育文集:下[M].北京:人民教育出版社,2005:529.

马卡连柯关于劳动教育的思想非常丰富，还有其他很多方面的观点，而且与他的集体教育、纪律教育等方面的思想密切关联，这与克鲁普斯卡雅有相同之处。

（三）苏霍姆林斯基的劳动教育思想

苏霍姆林斯基（1918—1970，图1.15），苏联著名的教育家。他和其他的苏联教育家一样，也特别重视劳动教育。在苏霍姆林斯基的全部教育实践与理论体系中，劳动教育不仅贯穿始终，而且占有非常重要的地位，是实现全面和谐发展教育目的的一个主要支点。苏霍姆林斯基关于劳动教育的论述见于他的各种著作，比如《帕夫雷什中学》（图1.16）、《给教师的一百条建议》，等等。

图1.15　苏霍姆林斯基

图1.16　《帕夫雷什中学》

对于劳动教育的定义及开展劳动教育的目标和任务，苏霍姆林斯基在《帕夫雷什中学》中有明确论述。他认为，劳动教育不仅是年轻一代参与社会生产实际训练的手段，也是德育、智育和美育的重要组成部分。他提出，"我校全体教师在努力建立一种劳动教育体系"，以培养学生的道德品格和智力品质，教育的任务就是将劳动渗入学生的精神世界和集体生活，使之成为学生在少年时期和青年早期的重要兴趣之一。[①] 可见，苏霍姆林斯基讲的劳动教育就是对学生进行生产劳动的训练。深受马卡连柯劳动教育思想影响的苏霍姆林斯基，在劳动和教育关系的认识上与马卡连柯也是高度一致的，他同样认为教育是不能离开

---

① 苏霍姆林斯基.帕夫雷什中学 [M].赵玮,王义高,蔡兴文,纪强,译.北京:教育科学出版社,1983:361.

劳动的。苏霍姆林斯基提出:"劳动以外的教育和没有劳动的教育是不存在、也不可能存在的,因为,如果没有劳动,就决不能够通过劳动的全部复杂性和多样性使人受到教育。"①他还指出了劳动教育对其他方面的教育如德育和智育的作用。这充分体现了苏霍姆林斯基的一个重要观点:"劳动,只有劳动,才是一个人全面发展的基础。"②苏霍姆林斯基还明确提出劳动教育的任务是使学生形成正确的劳动观点、劳动态度和劳动习惯。他说:"经验使我们深信:要培养热爱劳动的品质,就得善于指导学生的精神生活和劳动生活。……我们应当努力做到使学生所完成的体力劳动进入他们的精神生活,占据他们的思想、情感和意志。"③

如何开展劳动教育?苏霍姆林斯基结合在帕夫雷什中学开展劳动教育的具体实践,归纳了十二条的劳动教学原则:劳动教育应与全面发展相结合;劳动中个性的发挥、显露和发展;劳动的崇高道德性及其明确的公益目的性;尽早参加生产劳动;劳动的多样化;劳动的经常性和连续性;儿童劳动要带有成年人生产劳动的特征;使劳动具有创造性,而且手脑并用;劳动活动内容、技能和技巧的衔接;生产劳动的普遍性;劳动活动的量力性;劳动同多方面的精神生活相结合。他同时总结了实施劳动教育的许多实际措施。例如,要为劳动教育的实施提供一定的场所、工具、设备等物质基础;通过劳动教学大纲所规定的必修课和课外活动小组中的课外劳动教学实行多种劳动技能、技巧教育;实施以科学技术进步为主要内容的劳动教育和综合技术教育;实施必要的、对全面发展起重要作用的手工劳动教育;注重以儿童自我服务为内容的劳动教育;等等。在劳动教育方法中,苏霍姆林斯基介绍并论证了树立榜样、复习、集体劳动作业完成、竞赛等方法。此外,苏霍姆林斯基还阐述了在学校教育中建立劳动制度的重要性,认为劳动制度的建立有三个条件,那就是:智力劳动和体力劳动的结合与交替;由学生自由选择最适合他个人的才能与兴趣的劳动项目;有空余时间。④

---

① 苏霍姆林斯基. 教育的艺术 [M]. 肖勇,译. 长沙:湖南教育出版社,1983:127.
② 苏霍姆林斯基. 劳动是人全面发展的基础 [M] // 蔡汀,王义高,祖晶. 苏霍姆林斯基选集:第五卷. 北京:教育科学出版社,2001:209.
③ 苏霍姆林斯基. 苏霍姆林斯基论劳动教育 [M]. 萧勇,杜殿坤,译. 北京:教育科学出版社,2019:10-11.
④ 苏霍姆林斯基. 帕夫雷什中学 [M]. 赵玮,王义高,蔡兴文,纪强,译. 北京:教育科学出版社,1983:361-434.

苏霍姆林斯基关于劳动和劳动教育的思想是丰富且深刻的,以上仅从劳动教育的定义、开展劳动教育的目标和任务、开展劳动教育的方式方面概括了其中的部分观点。

本章小结

开展中国传统劳动教育思想研究,需要清楚两个前提性问题:一是劳动教育的核心概念;二是开展中国传统劳动教育思想研究的理论基础。

研究劳动教育问题涉及的核心概念,主要有劳动和劳动教育这两个。就劳动概念和劳动教育概念来说,劳动概念更基本也更具前提意义,因为只有理解了劳动,才能说明劳动教育。

对于劳动概念,需要从词源、历史、逻辑角度进行考察。其中,逻辑的角度是本质的角度。教育学家黄济依照马克思主义经典作家的论述,从劳动的地位和作用的角度将其本质概括为:"劳动是人类特有的活动,是人类区别于动物的本质特征,是人类社会赖以生存和发展的基础。"①

辨析劳动教育的概念,可以从内涵和外延两方面看。对于劳动教育的内涵,可以通过劳动技术教育的对比来把握。就两个概念的关系来说,20世纪80年代以来主流的观点是劳动技术教育包含劳动教育。其中最有代表性的是《中国大百科全书·教育》。该书对"劳动教育"和"劳动技术教育"两个词条都做了概括,认为劳动技术教育是劳动教育与技术教育的结合。根据这一观点,劳动教育的外延主要有:树立学生正确的劳动观点,使他们懂得劳动的伟大意义;培养学生热爱劳动和劳动人民的情感。

2018年全国教育大会召开以来,学界开始认为劳动教育可包含劳动技术教育,檀传宝教授把劳动技术教育列入劳动素养教育方面,进而将其涵括在劳动教育中。据此,劳动教育的外延有两个方面:一是在劳动价值观教育方面,即确立正确的劳动观点和劳动态度,形成尊重热爱劳动和劳动人民的价值态度;二是在养成良好的劳动素养方面,促使学生具备一定的劳动知识和技能,发展学生的创造性劳动的潜质,形成良好的劳动习惯。

---

① 石中英,于超.黄济教育思想论要[M].福州:福建教育出版社,2016:239.

按照马克思的应站在现实的角度理解历史的思想,研究中国传统劳动教育思想,需要以现代的劳动教育思想来指导。我们据此指导、参照研究中国传统劳动教育思想的理论基础,是马克思主义经典作家及近代以来欧美资产阶级教育家和苏联无产阶级教育家们的劳动思想。

马克思、恩格斯、列宁三位马克思主义的经典作家,根据现代社会机器大工业生产力的发展要求,在批判继承此前空想社会主义思想家和资产阶级学者相关思想成果的基础上,创立并不断丰富和发展了教育与生产劳动相结合原理。他们主要从社会功能作用的角度,将教育与生产劳动相结合原理的内涵概括为三个命题:一是"造就全面发展的人的唯一方法";二是"提高社会生产的一种方法";三是"改造现代社会的最强有力的手段之一"。

欧美的一些教育家,也有关于劳动教育的思想或实践。他们中有的对马克思主义经典作家还产生了一定的影响。法国启蒙思想家卢梭的劳动教育思想有:第一,凡是社会的人都必须劳动,因为"劳动是社会的人不可豁免的责任";第二,在手工劳动中实现身体锻炼与精神锻炼的结合;第三,学生参加劳动可以帮助他们了解其中的社会意义。瑞士著名教育实践家和教育理论家裴斯泰洛齐,不但倡导并实践教育与生产劳动相结合,还特别强调劳动对人成长和发展的重要作用。美国著名教育家杜威的劳动教育观点包括:主张劳动与闲暇的结合;充分肯定体力劳动的地位;提出"从做中学",重视劳动在教育过程中的作用。

苏联教育家大都重视劳动教育。克鲁普斯卡雅在十月革命前撰写的《国民教育和民主主义》一书,以马克思主义思想为指导,对教育与生产劳动相结合进行了历史考察。十月革命胜利后,克鲁普斯卡雅在改造旧学校的过程中,致力于将旧的读书学校从内容、组织、方法等方面改造为劳动学校。她不仅论述了学生在学校参加生产劳动活动的重大意义,还对苏联的综合技术教育的开展问题进行了论述。马卡连柯是苏联著名的教育家,他在总结对流浪儿和少年违法者进行教育的过程中,形成了自己的劳动教育观点,其中有:教育不能离开劳动;劳动不能离开教育;劳动应该是创造性的,要以"最新技术"为目的;等等。苏霍姆林斯基特别重视劳动教育。他提出了劳动教育的定义以及开展劳动教育的目标和任务,对如何开展劳动教育的问题做了全面深刻的探索,取得了突出的成就。

第二章

中国传统劳动价值观教育思想

新时代劳动教育的核心目标,是关于劳动价值观的教育。2015 年 7 月 20 日,教育部、共青团中央、全国少工委联合发布了《教育部、共青团中央、全国少工委关于加强中小学劳动教育的意见》,正式提出劳动教育的主要目标:"通过劳动教育,提高广大中小学生的劳动素养,促进他们形成良好的劳动习惯和积极的劳动态度,使他们明白'生活靠劳动创造,人生也靠劳动创造'的道理,培养他们勤奋学习、自觉劳动、勇于创造的精神,为他们终身发展和人生幸福奠定基础。"①2020 年 3 月发布的《中共中央 国务院关于全面加强新时代大中小学劳动教育的意见》,明确了劳动教育的总体目标:"通过劳动教育,使学生能够理解和形成马克思主义劳动观,牢固树立劳动最光荣、劳动最崇高、劳动最伟大、劳动最美丽的观念;体会劳动创造美好生活,体认劳动不分贵贱,热爱劳动,尊重普通劳动者,培养勤俭、奋斗、创新、奉献的劳动精神;具备满足生存发展需要的基本劳动能力,形成良好劳动习惯。"② 这两份文件虽然没有明确提出"劳动价值观教育"一类的概念,但其中都讲到要培养中小学生良好的劳动习惯、劳动态度、劳动精神,还特别强调让他们明白"生活靠劳动创造,人生也靠劳动创造"的道理,"牢固树立劳动最光荣、劳动最崇高、劳动最伟大、劳动最美丽的观念"。这正是为了让学生树立正确的劳动价值观。劳动价值观教育,不仅是新时代劳动教育的核心目标,也是中国传统劳动教育思想的中心内容。总结中国传统劳动价值观教育思想,对于推进新时代的劳动教育具有重要意义。

第一节　中国传统劳动价值观教育思想的精华

关于劳动价值观教育的要求,檀传宝教授曾这样概括:"在劳动价值观方面,劳动教育要努力帮助学习者:第一,确立正确的劳动观点、积极的劳动态度(即具有'劳动精神'),拒绝'好逸恶劳''不劳而获'等错误的价值观;第二,形成尊重、热爱劳动过程、劳动成果和劳动主体——劳动人民('劳动精神'的体

---

① 教育部,共青团中央,全国少工委. 教育部 共青团中央 全国少工委关于加强中小学劳动教育的意见 [J]. 中国德育,2015(6):6-8.

② 中共中央 国务院关于全面加强新时代大中小学劳动教育的意见 [N]. 人民日报,2020-03-27(001).

现)的价值态度。"①实言之,热爱劳动和劳动人民的价值态度是包含在正确的劳动观点和积极的劳动态度之内的。劳动价值观教育的目的,就是使学习者在思想认识上有正确的劳动观点,在行为实践上有积极的劳动态度。在这两个方面,中国古代确有大量值得发掘的思想精华。

一、思想认识:正确的劳动观点

关于劳动的社会意义即劳动的价值问题,中国古代的先贤们确有较为深刻的认识。他们从劳动对人类生存、国家发展、个人成长三方面的作用角度进行了大量论述,其中包含了颇多正确的劳动观点。

(一)劳动是人类的生存之本

对于人类群体来说,最重要的莫过于生存,如果人连生存都难以保障的话,那么,其他的一切也就无从谈起了。究竟用什么来保障人类的生存呢?那只有靠人类自身的劳动。对于这个道理,中国古代的思想家们有着非常明确的认识。

1. 墨子:"赖其力者生,不赖其力者不生"

墨子(约公元前 476 年—公元前 390 年,图 2.1),名翟,春秋末期战国初期著名的思想家、教育家、科学家,墨家学派的创始人。墨家的成员被称为"墨者",他们多半来自社会下层。墨子作为墨家学派的主要代表人物,非常重视生产劳动。墨子认为,人只有依靠劳动才能维持正常的生存,他还提出了一个带有原则性的命题:"赖其力者生,不赖其力者不生。"这一思想是墨子在比较人和动物的过程中提出来的。他指出:"今人固与禽兽麋鹿、蜚鸟、贞虫异者也。今之禽兽麋鹿、蜚鸟、贞虫,因其羽毛,以为衣裳;因其蹄蚤,以为绔屦;因其水草,以为饮食。故唯使雄不耕稼树艺,雌亦不纺绩织纴,衣食之财固已具矣。今人与此异

图 2.1 墨子

---

① 檀传宝. 劳动教育论要:现实畸变与起点回归 [M]. 北京:北京师范大学出版社,2020:50-51.

者也。赖其力者生,不赖其力者不生。"① 意思是说,人和禽兽、麋鹿、蜚鸟、贞虫这些动物本来就不同,这些动物靠自己的身体和大自然就能解决衣食问题。它们把自己的羽毛作为衣裘,把自己的蹄爪作为鞋裤,他们的饮食靠大自然的水草,根本不用让自己的雄性伙伴去耕种土地,也不用让自己的雌性伙伴去纺线织布。但是,对于人来说就不行了,人必须依靠劳动才能生存,人如果不劳动就根本无法生存。墨子讲的这段话,生动说明了不劳动者不得食的道理,也深刻揭示了劳动对于人类生存的重要意义。墨子认为,天下人都应该劳动,以保证衣食等生活方面的需要。就农业生产来说,他教育弟子:"古之民未知为饮食时,素食而分处。故圣人作诲,男耕稼树艺,以为民食。"② 又说:"古之民,未知为衣服时,衣皮带茭,冬则不轻而温,夏则不轻而清。圣王以为不中人之情,故作诲妇人,治丝麻,梱布绢,以为民衣。"③ 对于手工业者,墨子强调:"凡天下群百工,轮车、鞼匏、陶、冶、梓匠,使各从事其所能。"④

2. 颜之推:"食为民天,民非食不生矣"

颜之推(531—约595,图2.2),字介,琅邪临沂(今山东临沂)人,南北朝时期著名思想家、教育家。颜之推之所以在历史上得享盛誉,主要是因为他写了一部杰出的家庭教育的著作——《颜氏家训》(图2.3)。该书被称为"古今家训之祖"。在该书中,颜之推对劳动的重要意义进行了专门论述。他指出:"生民之本,要当稼穑而食,桑麻以衣。蔬果之畜,园场之所产;鸡豚之善,坞圈之所生。爰及栋宇器械,樵苏脂烛,莫非种殖之物也。"⑤ 这段话的意思是说,老百姓生活的根本,就是要通过播种庄稼获得食物,通过种植桑麻来做衣服。他们贮藏的蔬菜果品,是果园场圃所出产;所食用的鸡猪,是鸡窝猪圈所蓄养。还有那些房屋器具、柴草蜡烛,没有不是靠种植的东西来制造的。颜之推还说:"古人欲知稼穑之艰难,斯盖贵谷务本之道也。夫食为民天,民非食不生矣,三日不粒,父子不能相存。耕

---

① 孙诒让.墨子闲诂卷八:非乐第三十二[M]//诸子集成:第四册.上海:上海书店,1986:158-159.

② 孙诒让.墨子闲诂卷一:辞过第六[M]//诸子集成:第四册.上海:上海书店,1986:20.

③ 孙诒让.墨子闲诂卷一:辞过第六[M]//诸子集成:第四册.上海:上海书店,1986:18-19.

④ 孙诒让.墨子闲诂卷六:节用中第二十一[M]//诸子集成:第四册.上海:上海书店,1986:101-102.

⑤ 夏家善.颜氏家训[M].天津:天津古籍出版社,1995:20.

种之，茠锄之，刈获之，载积之，打拂之，簸扬之，凡几涉手，而入仓廪，安可轻农事而贵末业哉？"① 这是说，古人们想了解体验务农播收庄稼的艰辛，是为了珍惜粮食，重视农业的根本地位。民以食为天，没有食物，人是无法生存的，如果三天不吃饭，父子之间就没力气相互问候。就粮食来说，需要经过耕种、锄草、收割、储存、舂打、扬场等好几道工序，才能存放到仓里，怎么可以轻视农业而重视商业呢？颜之推阐发了民以食为天，离开农业劳动无法生存的道理。

图 2.2　颜之推　　　　　　　　图 2.3　《颜氏家训》

　　正是由于生产劳动对于人类生存的重要意义，同时也有感于农耕条件下人们获取物质生活资料的困难，中国封建社会的一些开明的政治家表达了他们对于物质生产劳动以及从事物质生产劳动者的尊重。比如宋太宗赵光义，他在《敦劝皇属》中说："汝等生于富贵，长自深宫，夫帝子亲王先须克己。每著一衣，则悯蚕妇；每餐一食，则念耕夫。"② 清朝的康熙皇帝说："古之圣人，平水土，教稼穑，辨其所宜，导民耕种而五谷成熟。孟子曰：'五谷熟而民人育。'则人之赖于五谷者甚重。尝思夫天地之生成，农民之力作，风雷雨露之长养，耕耘收获之勤劳，五谷之熟，岂易易耶？《礼·月令》曰：'天子以元日祈谷于上帝。'凡为民生粒食计者至切矣。而人何得而轻亵之乎？奈何世之人惟知贵金玉而不知重五谷，或狼藉于场圃，或委弃于道路，甚至有污秽于粪土者，轻亵如此，岂所以敬天乎？"③

---

① 夏家善. 颜氏家训［M］. 天津：天津古籍出版社，1995：128-129.
② 赵光义. 敦劝皇属［M］// 夏家善. 帝王家训. 天津：天津古籍出版社，1997：57.
③ 爱新觉罗·玄烨. 庭训格言［M］// 夏家善. 帝王家训. 天津：天津古籍出版社，1997：157.

郑板桥非常重视和同情农民,指出:"我想天地间第一等人,只有农夫,而士为四民之末。"他之所以给农民如此高的地位,是因为农民"苦其身,勤其力,耕种收获,以养天下之人。使天下无农夫,举世皆饿死矣"[1]。林则徐在劝他的次子从事农耕时说:"盖农居四民之首,为世间第一等高贵之人。"[2] 当然,在尊重劳动成果方面,最为人们熟知的还是《朱子治家格言》[3]中的一句话,那就是:"一粥一饭,当思来处不易;半丝半缕,恒念物力维艰。"[4]

(二)劳动是国家的强盛之要

中国古代学者关于劳动价值探讨的第二个方面,是劳动对国家经济和社会发展的作用。这突出体现在自古以来关于重农思想的教育方面。中国古代关于重农思想的教育,集中体现在农业在国家中的地位上。就中国古代的政治家和思想家来说,他们一致认为农业是国家的根本,是国家强盛的基础和保证。

1. 中国古代政治家的重农思想

重农思想在我国历史悠久。在殷墟的卜辞中,有不少关于卜晴雨、观黍、祈年的大量记载,这充分体现了商代统治者对农业生产的重视。从春秋到秦汉,重农思想更是大多数思想家和政治家的共同认识。《管子》认为,王天下的根本在于多产粮食,该书的《治国》篇说:"昔者七十九代之君,法制不一,号令不同,然俱王天下者,何也?必国富而粟多也。夫富国多粟,生于农,故先王贵之。……民事农,则田垦;田垦,则粟多;粟多,则国富。国富者兵强;兵强者战胜;战胜者地广。是以先王知众民、强兵、广地、富国之必生于粟也,故禁末作,止奇巧,而利农事。"[5] 公元前178年,二十三岁的西汉文学家贾谊给汉文帝刘恒上了一篇奏章。这篇奏章被收在《汉书·食货志》,还被后人题为《论积贮疏》。贾谊在该文中指出:"古之人曰:'一夫不耕,或受之饥;一女不织,或受之寒。'生之有时,

---

① 郑燮. 郑板桥家书 [M] // 楼寒松. 中国历代家训集成:第八册. 杭州:浙江古籍出版社, 2017:4702.

② 林则徐. 训次儿聪彝 [M] // 李金旺. 林则徐家书. 北京:外文出版社,2012:213.

③ 作者朱用纯,字致一,自号柏庐,江苏昆山人。明末生员。清初居乡教授学生,康熙时坚辞不应博学鸿儒科。所著《治家格言》,世称《朱子家训》,流传甚广。

④ 朱伯庐. 朱子治家格言 [M] // 夏家善. 蒙训辑要 [M]. 天津:天津古籍出版社,2017: 237.

⑤ 戴望. 管子校正卷十五:治国第四十八 [M] // 诸子集成:第五册. 上海:上海书店, 1986:261.

而用之亡度,则物力必屈。"① 他特别强调了农业生产的重要作用。魏晋南北朝时期,尽管战乱不止,农业发展也受到严重破坏。但是,为了实现政治和军事上的目的,一些统治者特别重视农业的发展。晋武帝司马炎曾表示,他要与王公卿士亲历耕耘的艰辛,为天下人做个表率。南朝的刘宋王朝特别讲求农战政策。宋文帝刘义隆在劝农诏书中提出了"国以民为本,民以食为天"的重农口号。这是我国古代重农思想实现新飞跃的重要标志。

唐太宗李世民在颁布的《帝范》中专辟《务农篇》,其中指出:"夫食为人天,农为政本。仓廪实则知礼节,衣食乏则忘廉耻。故躬耕东郊,敬授民时。国无九岁之储,不足备水旱;家无一年之服,不足御寒温。然而莫不带犊佩牛,弃坚就伪,求伎巧之利,废农桑之基,以一人耕而百人食,其为害也甚于秋螟。莫若禁绝浮华,劝课耕织,使民还其本,俗反其真,则竞怀仁义之心,永绝贪残之路,此务农之本也。"② 元代的忽必烈更是认识到从游牧经济转到农耕的重要性。据《元史·食货一》记载:"太祖起朔方,其俗不待蚕而衣,不待耕而食,初无所事焉。世祖即位之初,首诏天下,国以民为本,民以衣食为本,衣食以农桑为本。于是颁《农桑辑要》之书于民,俾民崇本抑末。"③ 清世宗雍正皇帝在《圣谕广训》中专辟"重农桑以足衣食"一节。他在其中讲道:"朕闻养民之本,在于衣食。农桑者,衣食所由出也。一夫不耕,或受之饥;一女不织,或受之寒。古者天子亲耕,后亲桑,躬为至尊,不惮勤劳,为天下倡。凡为兆姓,图其本也。夫衣食之道,生于地,长于时,而聚于力。本务所在,稍不自力,坐受其困。……尔等各赡身家,一丝一粒,莫不出自农桑。尔等既享其利,当彼此相安,多方捍卫,使农桑俱得尽力。尔辈衣食永远不匮,则亦重有赖焉。"④

2. 中国古代农学家的重农思想

先秦时期的《吕氏春秋》有着非常丰富的重农思想。该书认为,发展农业生产是国家富强、治国安邦的根本大计,是社会稳定的经济基础,其中指出:"民

---

① 班固. 卷二十四上:食货志第四上 [M] // 汉书:第四册. 北京:中华书局,1962:1128.

② 李世民. 帝范 [M] // 夏家善. 帝王家训. 天津:天津古籍出版社,1997:45.

③ 宋濂,等. 卷七十五:志第四十二:食货一 [M] // 元史:第八册. 北京:中华书局,1976:2354.

④ 爱新觉罗·胤禛. 圣谕广训 [M] // 夏家善. 帝王家训. 天津:天津古籍出版社,1997:201.

农则其产复,其产复则重徙,重徙则死其处而无二虑。民舍本而事末,则不令,不令则不可以守,不可以战。民舍本而事末,则其产约,其产约则轻迁徙,轻迁徙,则国家有患。"① 这段话的意思是说,百姓重视农业就会家产繁多,家产繁多就会害怕迁徙,害怕迁徙就会固守家乡而无别虑。反之,百姓如果舍弃农业就会不听政令,不听政令就既不能依靠他们防守,也不能依靠他们攻战。另外,百姓如果放弃农业,家产就会减少,进而就会随意迁徙,在国家遭受困难时就会远走高飞,这样国家就会陷于危险的境地了。

同中国古代其他许多知识分子一样,元代农学家王祯(图2.4)也坚持传统的农本思想,他十分重视对农民的农本思想教育。《王祯农书》(图2.5)的"自序"中记载:"农,天下之大本也。'一夫不耕,或授之饥,一女不织,或授之寒'。古先圣哲敬民事也,首重农,其教民耕、织、种植、畜养,至纤至悉。"② 他试图通过关于重农思想的教育,使农民全面掌握耕织种养技术。

图 2.4　王祯

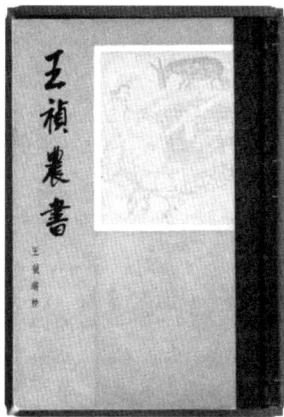

图 2.5　《王祯农书》

明代学者徐光启(图2.6)也有非常丰富的重农思想。他在《农政全书》(图2.7)中从辨别"财"的概念入手探讨这一问题。在他看来,真正的财富并不是货币形态,而是实物形态的。他认为:"谓欲论财,计先当辨何者为财?唐宋之所谓财者,缗钱耳。今世之所谓财者,银耳。是皆财之权也,非财也。古圣王所

① 高诱.吕氏春秋卷第二十六:士容论第六:务大 [M] // 诸子集成:第六册.上海:上海书店,1986:332.
② 王祯.农书译注:上 [M].济南:齐鲁书社,2009:1.

谓财者，食人之粟，衣人之帛，故曰：'生财有大道，生之者众也。'"还进而指出："若以银钱为财，则银钱多，将遂富乎？是在一家则可，通天下而论，甚未然也。银钱愈多，粟帛将愈贵，困乏将愈甚也。故前代数世之后，每患财乏者，非乏银钱也。"[①]在《农政全书》的"凡例"中，徐光启曾结合当时的社会问题对他的这一观点做过说明。他指出："夫金银钱币，所以衡财也，而不可为财。方今之患，在于日求金钱而不勤五谷，宜其贫也益甚。此不识本末之故也。"[②]在他看来，当时的祸患在于世人每天都在追逐金钱，而不勤于农业生产。这样的本末颠倒只能使人们更加贫困。要改变这种情况，人们就必须明白，农业是国家富强的根本所在。

图2.6　徐光启

图2.7　《农政全书》

（三）劳动是个人的成长之基

劳动教育表现为劳动和教育的结合，意在发挥劳动在教育中的重要作用。作为教育的重要手段之一，劳动是可以帮助人实现全面发展的，即通过劳动实现树德、增智、强体、育美等目标。中国古代的教育家们对劳动的育人作用也进行了探讨，其中特别论述了劳动提高道德修养的作用。

关于劳动有助于提高道德修养的论述，最早见于春秋时期敬姜对儿子的教育。据《列女传》记载，敬姜号戴己，莒（今山东莒县）人，是春秋时期鲁国大夫公父穆伯之妻，公父文伯之母。穆伯早亡，敬姜守寡，教子有方，得到孔子的高

---

① 徐光启. 农政全书：上. 长沙：岳麓书社，2002：254.
② 徐光启. 农政全书：上. 长沙：岳麓书社，2002：15.

度评价。敬姜对她的儿子公父文伯进行的劳动教育的故事大致是这样的。有一天，公父文伯朝见鲁君后回家，看到他的母亲敬姜正在纺麻线，于是对母亲说："像我们这样富贵有地位的家庭，还需要劳烦您老人家再纺麻线吗？这万一让季康子看到了，他一定会生气，以为我不能侍奉孝敬您呢！"敬姜听了儿子的这番话，非常不高兴。她让公父文伯坐下，并对他进行了语重心长的教育。敬姜说道："昔圣王之处民也，择瘠土而处之，劳其民而用之，故长王天下。夫民劳则思，思则善心生；逸则淫，淫则忘善，忘善则恶心生。沃土之民不材，淫也。瘠土之民莫不向义，劳也。"①意思是说，劳动可以促进人思考，进而使人产生善念；与劳相对的"逸"则相反，会导致恶念。敬姜的这段经典的话语在历史上广为流传，很多家训文献都曾引述过。

对于劳动的育德作用，明朝时期的霍韬也有论述。霍韬（1487—1540），字渭先，广东南海人。正德九年（1514年）举进士第一，累官太子少保、礼部尚书，卒谥文敏。霍韬非常注重对家人的教育，曾两次编订家训。他在家训中特别强调劳动教育，比如："凡子侄，人耕田三十亩，夏冬两季，效报所耕获以考功。"②"凡子侄，七岁以上，入社学。十岁以上，读暇则耕，或耘。"③"子侄入社学，遇农时，俱暂力农。……本家子侄兄弟，入社学耻力田，耻本分生理，初犯责二十，再犯责三十，三犯斥出，不许入社学及陪祠堂祀事。"④这些措施都是为了培养子侄的劳动习惯。为什么霍韬如此重视对他们的劳动教育呢？霍韬本人是这样阐述的："凡子侄多忌农作，不知幼事农业，则知粟入艰难，不生侈心；幼事农业，则习恒敦实，不生邪心；幼事农业，力涉勤苦，能兴起善心，以免于罪戾。故子侄不可不力农作。"⑤在这段论述中，霍韬讲了年轻时从事农业劳动的三点益处：一是知道打粮食的艰难就不会产生奢侈之心；二是从事农业劳动可以在品行上长久地

---

① 敬姜. 敬姜教子[M] // 夏家善. 历朝母训. 天津：天津古籍出版社，2017：3.
② 霍韬. 渭厓家训[M] // 楼含松. 中国历代家训集成：第三册. 杭州：浙江古籍出版社，2017：1987.
③ 霍韬. 渭厓家训[M] // 楼含松. 中国历代家训集成：第三册. 杭州：浙江古籍出版社，2017：1995.
④ 霍韬. 渭厓家训[M] // 楼含松. 中国历代家训集成：第三册. 杭州：浙江古籍出版社，2017：1999.
⑤ 霍韬. 渭厓家训[M] // 楼含松. 中国历代家训集成：第三册. 杭州：浙江古籍出版社，2017：1999.

敦厚朴实,不会产生奸邪之心;三是参与勤苦事可以产生善良之心。

明朝时期,还有一位重视劳动育德的廉吏,叫史桂芳。史桂芳是江西鄱阳人,字景实,号惺堂,嘉靖三十二年(1553 年)进士,初任歙县知县,廉直爱民,后任延平、汝宁知府,迁两浙运使。他性格耿介,也很重视对家人的劳动教育。他在《训家人》中讲:"陶侃运甓,自谓习劳,盖有难以直语人者。劳则善心生,养德养身咸在焉。逸则妄念生,丧德丧身在焉。吾命言儿、稽孙,不外一'劳'字,言劳耕稼,稽劳书史,汝父子其图也。"① 他这是用陶侃搬砖的故事来教育儿孙要劳动。陶侃是两晋时期重要的军事将领。据《晋书·陶侃传》记载,陶侃任广州刺史的时候,每天早晨他从室内搬一百块砖到室外,到晚上又把它们搬回到室内。有人问陶侃这样做的缘故,他回答说:"我正在致力恢复中原,生活过于舒适安逸,恐怕难以成就这番事业。"② 史桂芳用这件事教育儿孙都要记住"劳"字,他让自己不善读书的儿子要"劳耕稼",让长于读书的孙子应"劳书史"。同时,他还结合敬姜教子的话,说明其中的深意,"劳"就会产生善心,可以育德养身;"逸"就会产生妄念,导致丧德丧身。

关于劳动可以育德的事例还有很多,比如明末清初以倡导"习行"著称的思想家颜元(图 2.8)。他曾指出:"吾儒时习力行,皆所以治心。"③ 又说:"若化质养性,必在行上得之。"④ 颜元还对"习行"劳动的"增智""强体"作用进行了论述。他说:"人之为学,心中思想,口内谈论,尽有百千义理,不如身上行一理之为实也。"⑤ 这里强调了"习行"对于认识事物、取得知识与技能训练的重要性。他还认为,"习行"也是锻炼身体的好方法,指出:"养身莫善于习动,夙兴夜寐,振起

图 2.8 颜元

---

① 史桂芳.训家人 [M] //夏家善.家训要言.天津:天津古籍出版社,2017:165.

② 房玄龄,等.晋书卷六十六:列传第三十六:陶侃 [M] //晋书:第六册.北京:中华书局,1974:1773.原文是:"侃在州无事,辄朝运百甓于斋外,暮运于斋内。人问其故,答曰:'吾方致力中原,过尔优逸,恐不堪事。'其励志勤力,皆此类也。"

③ 颜元.颜元集:下 [M].北京:中华书局,1987:646.

④ 颜元.颜元集:下 [M].北京:中华书局,1987:625.

⑤ 颜元.颜元集:下 [M].北京:中华书局,1987:689.

精神,寻事去做,行之有常,并不困疲,日益精壮。但说静息将养,便日就惰弱。"①
对于劳动的"增智""强体"作用,汪辉祖②在他的《双节堂庸训》中讲:"爱子弟
者动曰:'幼小不宜劳力。'此谬极之论。从古名将相,未有以懦怯成功。筋骨柔
脆,则百事不耐。闻之旗人教子,自幼即学习礼仪、骑射。由朝及暮,无片刻闲暇。
家门之内,肃若朝纲。故能诸务娴熟,通达事理,可副国家任使。欲望子弟大成,
当先令其习劳。"③在他看来,只有通过劳动,才能"通达事理"、耐得百事,这体
现的就是劳动的"增智""强体"功能。

二、行为实践:积极的劳动态度

关于劳动对人类生存、国家富强以及个人全面发展的价值,中国古代的教
育家确实有深刻的认识。在此基础上,他们还将对劳动价值的认识落实到具体
的实践活动上,表现出积极的生活态度。这主要表现为如下两个方面。

(一)倡导辛勤劳动和诚实劳动

1. 辛勤劳动:"民生在勤,勤则不匮"

2015 年 4 月 28 日,在庆祝"五一"国际劳动节暨表彰全国劳动模范和先进
工作者大会上的讲话中,习近平提出了"中华民族是勤于劳动、善于创造的民
族"④的重要论断,他还引用了《左传》中的古语"民生在勤,勤则不匮"⑤来说
明。在此前其他的相关重要讲话中,习近平还引用过"一勤天下无难事"⑥"功
崇惟志,业广惟勤"⑦等。这些充分反映了自古以来中华民族都是倡导辛勤劳动

① 颜元. 颜元集:下 [M]. 北京:中华书局,1987:635.

② 汪辉祖(1731—1807),字焕曾,号龙庄、归庐,萧山(今属浙江)人。幼年丧父,家道中落。
入佐州县幕三十四年,至乾隆乙未始登进士,授湖南宁远县知县,任职期间整饬陋俗,治
事廉平,颇有惠政。后遭劾归里,嘉庆元年举孝廉方正,力辞而免。著作有《佐治药言》
《学治臆说》《双节堂庸训》《元史本证》等。

③ 汪辉祖. 双节堂庸训 [M] // 楼寒松. 中国历代家训集成:第九册. 杭州:浙江古籍出版
社,2017:5653.

④ 习近平. 在庆祝"五一"国际劳动节暨表彰全国劳动模范和先进工作者大会上的讲话
[N]. 人民日报,2015-4-29(002).

⑤ 王守谦,金秀珍,王凤春. 左传全译 [M]. 贵阳:贵州人民出版社,1992:534.

⑥ 钱德仓. 解人颐 [M]. 海口:三环出版社,1992:17.

⑦ 江灏,钱宗武. 金古文尚书全译 [M]. 贵阳:贵州人民出版社,1992:388.

的。就习近平引用的"民生在勤，勤则不匮""一勤天下无难事""功崇惟志，业广惟勤"三句古语来说，它们回答的是同一个问题——"为什么要辛勤劳动？"而且，这三句古语给出的答案也是一样的，那就是：如果进行了辛勤劳动，就不会出现物品匮缺的情况，就能够战胜困难，就能够成就伟业。

在中国历史上，教育家对为何倡导辛勤劳动问题的论述颇多。他们当中有不少是对"民生在勤，勤则不匮"的阐发。如清代的张文嘉在家训中讲过这段话：有人问"懃"（即"勤"）的含义是什么，从文字学的角度解释，该字"从堇，从力，从心，言事事着谨，常常用力，切切关心也"。接着又说："《传》曰：'民生在懃，懃则不匮。'人之不至匮乏者，每自懃劳中得之。为上而懃，则博学多闻，义理充积，学不匮也。为农而懃，则服田力积，乃亦有秋，食不匮也。懃于治家，则仰事俯育，不饥不寒，家不匮也。懃于治官，则政兴务举，民受其福，禄不匮也。拙者由懃而补，贫者由懃而富，贱者由懃而贵，一是皆以懃为本。夏禹，圣人也，寸阴是惜，虽生知之质，其懃尚如此，况吾侪乎？"[①] 这段话将"民生在勤，勤则不匮"进行了具体化，还以夏禹为榜样激励人们要辛勤劳动。有的还以不辛勤劳动的后果加以警示，如宋朝的李邦献说："少不勤苦，老必艰辛。少不服劳，老不安逸。"[②] 有的还通过对比"勤""懒"的不同来说明，如："勤则家起，懒则家倾"[③]；"勤则职业修，惰则职业隳"[④]。总之，"勤"之一字，"凡立身治生，皆不能外焉。"[⑤] "自卑幼至于老长，自农工至于士大夫公卿，无可不勉者也。"[⑥]

如何进行辛勤劳动呢？中国古代的教育家也有论述。清代教育家朱用纯讲："勤之为道，第一要深思远计。事宜早为，物宜早办者，必须预先经理。若待

① 张文嘉. 重订齐家宝要 [M] // 楼含松. 中国历代家训集成：第六册. 杭州：浙江古籍出版社，2017：3546.

② 李邦献. 省心杂言 [M] // 楼含松. 中国历代家训集成：第一册. 杭州：浙江古籍出版社，2017：279.

③ 宋若昭. 女论语 [M] // 楼含松. 中国历代家训集成：第一册. 杭州：浙江古籍出版社，2017：110.

④ 张文嘉. 重订齐家宝要 [M] // 楼含松. 中国历代家训集成：第六册. 杭州：浙江古籍出版社，2017：3561.

⑤ 窦克勤. 寻乐堂家规 [M] // 楼含松. 中国历代家训集成：第七册. 杭州：浙江古籍出版社，2017：4077.

⑥ 霍韬. 渭厓家训 [M] // 楼含松. 中国历代家训集成：第三册. 杭州：浙江古籍出版社，2017：2015.

临时，仓忙失措，鲜不耗费。第二要晏眠早起。侵晨而起，夜分而卧，则一日而复得半日之功。若早眠晏起，则一日仅得半日之功。无论天道必酬勤而罚惰，即人事赢诎，亦已悬殊。第三要耐烦吃苦。不耐烦吃苦，一处不周密，一处便有损失耗坏。"① 其中讲了三条，分别是：要深谋远虑，要晚睡早起，要能够吃苦。在这三条中，最为古代教育家强调的是晚睡早起，很多家训对此有专门论述。清代学者陆一亭指出："你道勤劳从何做起？每日必须清晨早起。一人有一人的事业，一日有一日的事干，不可空闲失业，错过了时光。到了夜间，若无正事，须要早睡，明日又好早起。孔夫子《三计图》云：一生之计在于勤，一年之计在于春，一日之计在于寅。幼而不学，老无所知。春若不耕，秋若无望。寅若不起，日无所办。"② 勤劳和惜时是相关联的，中国古代家训均强调晚睡早起，这体现了积极的生活态度。

中国古代教育家在讲勤劳的同时，总是和节俭合在一起讲。这是因为，光讲勤，不讲俭，也不能很好地解决生计问题。清代学者吕留良讲："至于勤而不俭，虽有亦立尽。"③ 因此，中国自古以来的教育家总是勤俭并提。清代学者朱用纯指出："勤与俭，治生之道也。不勤则寡入，不俭则妄费。寡入而妄费，则财匮。"④ 对于勤、俭二者的地位，清初大学者孙奇逢还与自己的弟子专门讨论过。他问他的弟子们："居家勤俭，孰为居要？"他的弟子博雅回答："勤非俭，终年劳瘁，不当一日之侈靡。《书》曰'慎乃俭德，惟怀永图'，子曰'礼与奢也宁俭'，似俭尤要。"他的意思是说，一年劳作所得，也赶不上一天的侈靡挥霍，因此，"俭"比"勤"更重要。他的弟子望雅却不以为然，说道："一生之计在勤，一年之计在春，一日之计在寅。治家治国，治身治心，道岂有先于此者乎？似勤尤要。"最后，孙奇逢进行了总结，他说："二者皆要，尤要在克勤克俭之人耳。八年于外，三过门不入，方得地平天成，万世永赖。如非其人，胼手胝足，朝经夕营，何济乃

---

① 朱用纯. 朱伯庐先生劝言. [M] // 楼含松. 中国历代家训集成：第六册. 杭州：浙江古籍出版社，2017：3876-3877.

② 陆一亭. 家庭讲话 [M] // 楼含松. 中国历代家训集成：第九册. 杭州：浙江古籍出版社，2017：5469.

③ 吕留良. 吕晚村先生家训 [M] // 楼含松. 中国历代家训集成：第六册. 杭州：浙江古籍出版社，2017：3898.

④ 朱用纯. 朱伯庐先生劝言. [M] // 楼含松. 中国历代家训集成：第六册. 杭州：浙江古籍出版社，2017：3876.

事？……勤俭一源,总在无欲。无欲自不敢废当行之事,自无礼外之费,不期勤俭而勤俭矣。"① 他认为,勤俭同样重要,二者的根源也是一致的,都是"无欲"。

2. 诚实劳动："人生在世,会当有业"

中国古代思想家有重视实践的实学精神。他们特别强调经世致用,这突出体现在教育方面。清代学者汪辉祖讲："具五官,备四肢,皆谓之人。曰君臣、曰父子、曰夫妇、曰兄弟、曰朋友,是人之总名。曰士、曰工、曰农、曰商,是人之分类。然臣不能忠,子不能孝,便不成为臣、子。士不好学,农不力田,便不成为士、农。欲尽人之本分,全在各人做法。谚有云:'做宰相,做百姓,做爷娘,做儿女。'凡有一名,皆有一'做'字。至于无可取材,则直斥曰'没做',以痛绝之。故'人'是虚名,求践其名,非实做不可。"② 人要扮演好自己的社会角色,就需要先谋生计,即"治生"。这也是南北朝以来中国传统家训的一个特点。③ 但是,如何谋生计或者说"治生"呢？这就需要有一份职业。谋求一份职业是进行诚实劳动的前提。很多家训文献对此有专门论述。

颜之推在《颜氏家训》中讲："人生在世,会当有业:农民则计量耕稼,商贾则讨论货贿,工巧则致精器用,伎艺则沉思法术,武夫则惯习弓马,文士则讲议经书。多见士大夫耻涉农商,羞务工伎,射则不能穿札,笔则才记姓名,饱食醉酒,忽忽无事,以此销日,以此终年。或因家世馀绪,得一阶半级,便自为足,全忘修学;及有吉凶大事,议论得失,蒙然张口,如坐云雾;公私宴集,谈古赋诗,塞默低头,欠伸而已。有识旁观,代其入地。何惜数年勤学,长受一生愧辱哉！"④ 在他看来,任何人都必须有借以谋生的职业,如果没有职业,那就没有努力的基础,很难在社会上立足,很容易堕落成为醉生梦死不学无术的游民。颜之推的

---

① 孙奇逢. 孝友堂家训. [M] // 楼含松. 中国历代家训集成:第六册. 杭州:浙江古籍出版社,2017:3390.

② 汪辉祖. 双节堂庸训 [M] // 楼寒松. 中国历代家训集成:第九册. 杭州:浙江古籍出版社,2017:5619.

③ 有学者指出:"宋代以前包括宋代仕宦家训的主要内容是道德教化,谋生方面的训诫很少。南北朝以来,尤其是自南宋以来,专门论述谋生计的'治生'家训和专门论述管理家庭财物以节制用度的'制用'家训开始大量涌现,这是传统家训的又一个新变化。"(徐少锦,陈延斌. 中国家训史 [M]. 西安:陕西人民出版社,2003:384.)

④ 夏家善. 颜氏家训 [M]. 天津:天津古籍出版社,1995:61.

这段论述很经典，被后来很多家训著作引述。① 南宋学者袁采（图 2.9）在《袁氏世范》（图 2.10）中提出了"子弟须使有业"的观点。他认为："人之有子，须使有业。贫贱而有业，则不至于饥寒；富贵而有业，则不至于为非。凡富贵之子弟，耽酒色，好博弈，异衣服，饰舆马，与群小为伍，以至破家者，非其本心之不肖，由无业以度日，遂起为非之心。小人赞其为非，则有餔啜钱财之利，常乘间而翼成之。子弟痛宜省悟。"② 他分别指出了人有职业的益处和没有职业的危害，可以说是对颜之推"人生在世，会当有业"的思想的发展。

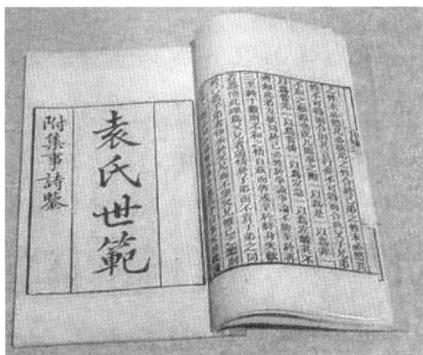

图 2.9　袁采　　　　　　　图 2.10　《袁氏世范》

人应该选择什么样的职业呢？中国古代的教育家对此也有很多探讨。袁采指出："士大夫之子弟，苟无世禄可守，无常产可依，而欲为仰事俯育之计，莫如为儒。其才质之美，能习进士业者，上可以取科第致富贵，次可以开门教授，以受束脩之奉。其不能习进士业者，上可以事笔札，代笺简之役，次可以习点读，为童蒙之师。如不能为儒，则巫医、僧道、农圃、商贾、伎术，凡可以养生而不至于辱先者，皆可为也。子弟之流荡，至于为乞丐、盗窃，此最辱先之甚。然世之不能为儒者，乃不肯为巫医、僧道、农圃、商贾、伎术等事，而甘心为乞与、盗窃者，深可诛也。"③ 在他看来，最好的职业是"儒"，实际上就是古代"四民"——士农工商中的"士"。如果不能为儒，社会上的其他职业如巫医、僧道、农圃、商

---

① 比如明代姚儒的《教家要略》、明代秦坊的《范家集略》、清代张师载的《课子随笔钞》，都完整地引述了颜之推的这段话。
② 夏家善. 袁氏世范［M］. 天津：天津古籍出版社，1995：13.
③ 夏家善. 袁氏世范［M］. 天津：天津古籍出版社，1995：105.

贾都可以,只要不成为乞丐和窃盗之流①就行。连僧道、商贾之类的事情都可以做,足见袁采的职业观是非常宽容的。明代学者姚舜牧特别强调治生,他在《药言》一书中对此论述颇多。姚舜牧指出:"人须各务一职业,第一品格是读书,第一本等是务农,外此为工、为商,皆可以治生,可以定志,终身可免于祸患。"又说:"吾子孙但务耕读本业,切莫服役于衙门;但就实地生理,切莫奔利于江湖:衙门有刑法,江湖有风波,可畏哉! 虽然,仕宦而舞文而行险,尤有甚于此者。"②他强调要选择稳定的耕读本业,反对子孙从事有风险的游走江湖和衙门的工作。

(二)倡导耕读结合的生活方式

中国古代的教育家重视劳动价值的另一种表现,就是把读书与农业劳动结合起来,倡导耕读结合的教育方式。如前文所说,在职业的选择上,不少知识分子主张将耕读结合起来作为自己和子孙的本业。

对于耕读的历史及价值,元代学者郑玉曾有专门概括。郑玉(1298—1358),字子美,徽州歙县(今属安徽)人,元代文章家、经学家、教育家。他在《耕读堂记》中写道:"夫古之时,一夫受田百亩,无不耕之士,家有塾,党有庠,术有序,无不学之人。秦废井田,开阡陌,焚诗书,坑学士,先王之道灭矣。汉兴,虽致隆平之治,卒不能以复淳古之风,而士农分矣。于是从事于学者,则不知稼穑之艰难;从事于农者,则不知礼义之所出。后世有能昼耕夜读以尽人道之常者,人至以为异,而称之去古道益远矣。鲍生从余游,粗知好古人之道,故能耕田以养其亲,读书以修其身。使比屋之人皆如鲍生,皆尽耕田之力,皆有读书之功,则人情自厚,风俗自淳,虽复三代之治不难矣。"③这一段概括虽然与中国耕读的历史基本接近,但也稍有出入。据有学者考察,"进入阶级社会以后,各朝各代仍有耕读结合的记载",以汉代的官方教育为例,虽然没有了生产知识的传授,教育过程

---

① 袁采讲的乞丐和窃盗是广义的,并非仅指实际的乞丐和窃盗。他说:"凡强颜于贵人之前,而求其所谓应副;折腰于富人之前,而托名于假贷;游食于寺观而人指为穿云子,皆乞丐之流也。居官而掩蔽众目,盗财入己,居乡而欺凌愚弱,夺其所有,私贩官中所禁茶、盐、酒、酤之属,皆窃盗之流也。"(夏家善.袁氏世范[M].天津:天津古籍出版社,1995:105-106.)
② 夏家善.名人家训[M].天津:天津古籍出版社,2017:140,145.
③ 郑玉.师山集:第四卷[M].台北:台湾商务印书馆,1986.

中也很少出现耕读的现象,但是,仍然有少数的贫困学生边劳作谋生边求学,像倪宽、匡衡、翟方进、公沙穆等,"都是靠作佣作工学成于太学的",他们可以算是"原始的半工半读"。私学中的耕读现象,那就更多了。[①] 郑玉讲到的他的学生鲍生,即鲍元康,也是徽州歙县人。郑玉说他"耕田以养其亲,读书以修其身",既"尽耕田之力",又"有读书之功"。[②] 这也道出了耕读的意义所在。

1. 耕读的治生意义

对于出身贫苦的读书人来说,要读书受教育就要先解决生活问题,不然是难以为继的。耕读结合的教育方式可以说给他们提供了一条可能的出路。这与马克思提出教育与生产劳动相结合原理为工人子弟争取教育机会有相似之处。对于耕读的治生意义做出明确论述的,是元代的思想家许衡(图2.11)。

许衡(1209—1281),字仲平,号鲁斋,世称"鲁斋先生",怀州河内(今河南沁阳)人,元代著名的思想家和教育家。在教育方面,许衡提出了

图2.11　许衡

一个重要观点,那就是"学者以治生最为先务"。他是这样对学生说的:"学者治生最为先务,苟生理不足,则于为学之道有所妨。彼旁求妄进及作官牟利者,殆亦窘于生理所致。士君子当以务农为生。"[③] 这句话的意思是说,学者首先要解决自己的生计问题,如果生计问题不能解决,就会对自己的为学之路有妨碍,出现"旁求妄进"或"做官牟利"的问题。他认为,读书人要务农,通过参加农业生

① 胡青. 耕读——中国古代的教育与生产劳动相结合 [J]. 江西师范大学学报(哲学社会科学版),1992,25(3):9–22.

② 《宋元学案》卷九十四的《师山学案》,介绍了郑玉的门人鲍元康,先讲了鲍元康为学方面受郑玉的影响,中引用鲍元康的话:"自吾见郑先生,于体认道理,识所谓活泼泼地者;于应事,得经权之道焉。"之后,又表彰了鲍元康在"治生"方面的贡献,其文曰:"先是其父鲁卿善治生,仲安代之承家,曰:'先人将积有余以及人,元康敢不善述之。'乃以其岁所入为十分,其三以为家用,其三以供贡赋及官府公用,其二贮之以防水旱,其一以赈族党姻邻,各有差等,其一待亲友之有患难者。"(黄宗羲. 宋元学案卷九十四:师山学案 [M] // 沈善洪. 黄宗羲全集:第六册. 杭州:浙江古籍出版社,2005:686.)

③ 黄宗羲. 宋元学案卷九十:鲁斋学案 [M] // 沈善洪. 黄宗羲全集:第六册. 杭州:浙江古籍出版社,2005:533.

产劳动解决生计问题。这当然也包含了劳动决定人类生存的重要思想。对于许衡的这一有价值的思想，明代思想家王阳明却提出了尖锐批评，王阳明指出："许鲁斋谓儒者以治生为先之说，亦误人。"[①] 对于王阳明的这一批评，教育史家严元章非常不认同。他说："王阳明这位名教育家，思想敏锐，而不安于旧说；但是在学者的生活问题上，他却是那么保守……不过，那到底是许鲁斋误人，还是王阳明误人，这倒是值得考虑的问题。"[②] 显然，许衡的"学者治生最为先务"的思想是合理的。它不仅为贫苦学生指明了一条可行的道路，对于富家子弟的成长也有重要的意义。

2. 耕读的树德意义

中国古代学者倡导耕读，很大一方面原因是为生计考虑的，这样可以在读书的同时解决衣食温饱问题。另外，耕读也有培养学生道德的考虑，可以发挥劳动对学生道德教育的作用。在这方面，一个比较突出的事例是明代思想家吴与弼(图 2.12)对他的学生陈献章的教育。

吴与弼(1391—1469)，初名梦祥，字子傅，号康斋，抚州府崇仁县(今江西省抚州市崇仁县东来乡)人。明代学者、理学家、教育家、诗人，崇仁学派的创立者。他作为理学教育家，特别注重与劳动相结合。在《明儒学案·崇仁学案》中，黄宗羲这样记载他教育学生的生动场景："居乡躬耕食力，弟子从游者甚众。……雨中被蓑笠，负耒耜，与诸生并耕，谈乾坤及坎、离、艮、震、兑、巽于所耕之耒耜可见。归则解犁，饭粝蔬豆共食。"他在劳动的过程中，对学生进行《易经》学问的教育。陈献章从广东向他求学，有一次没有早起，吴与弼对他进行了一番训斥。黄宗羲在《明儒学案》中这样记述道："陈白沙自广来学。晨光才辨，先生手自簸谷，白沙未起，先生大声曰：'秀才若为懒惰，即他日何从到伊川门下？又何从到孟子门下？'"[③] 在吴与弼看来，只有在辛勤劳动中才能体悟儒家的"道"。他的这一做法，得到清代学者张履祥(图 2.13)的高度评价。张履祥指出："吴康斋先生讲濂、洛之学，率弟子以躬耕……可为百世之师也。"他之所以这样表彰吴与弼，是因为在张履祥看来，通过参加农业劳动就可以无求于人，同时能

---

① 王守仁. 王阳明全集：上 [M]. 上海：上海古籍出版社，1992：19.

② 严元章. 中国教育思想源流 [M]. 广州：广东教育出版社，2012：35.

③ 黄宗羲. 明儒学案卷一：崇仁学案一 [M] // 沈善洪. 黄宗羲全集：第七册. 杭州：浙江古籍出版社，2005：3—4.

懂得稼穑的艰难,在此基础上就可以培育高尚的道德人格了。他说:"夫能稼穑则可无求于人,可无求于人则能立廉耻。知稼穑之艰则不妄求于人,不妄求于人则能兴礼让。廉耻立,礼让兴,而人心可正,世道可隆矣。"①

对耕读的治生意义与树德意义进行全面论述的,正是表彰吴与弼教育实践的张履祥。张履祥(1611—1674),字考夫,号念芝,浙江嘉兴府桐乡县人。他世居清风乡炉镇杨园村,故学者称其为杨园先生。他是明末清初的理学家、教育家。张履祥在《训子语》中对耕读思想进行了深刻探讨。

图 2.12　吴与弼

图 2.13　张履祥

张履祥认为,一个人必须有永久性的职业,如果没有永久性的职业,那么就会"始于丧其本心,终至丧其身"。但是,在职业的选择上要谨慎。那么,应该把哪种职业作为永久性的职业呢? 他指出:"子孙只守农士家风,求为可继,惟此而已。切不可流入倡优下贱,及市井罢棍、衙役里胥一路。""除耕读二事,无一可为者。"张履祥的这个选择,是经过和其他职业的比较做出来的。他认为:"商贾近利,易坏心术;工技役于人,近贱;医卜之类,又下工商一等;下此益贱,更无可言者矣。"不难看出,在他关于职业的论述中是存在一定偏见的。就耕读的关系来说,他指出:"然耕与读又不可偏废,读而废耕,饥寒交至;耕而废读,礼义遂亡。"② 这就是张履祥的耕读相兼或者耕读并重的思想。这一思想不仅坚持了耕读的治生意义,同时也兼顾了耕读的树德意义。另外,张履祥还批评了鄙视耕作的错误思想,认为这是"只缘制科文艺取士"的科举制度造成的。他特别论述了耕作的好处,那就是:"实论之,耕则无游惰之患,无饥寒之忧,无外慕失足

① 张履祥. 杨园先生全集:中 [M]. 北京:中华书局,2002:994.

② 张履祥. 杨园先生全集:下 [M]. 北京:中华书局,2002:1351-1352.

之虞,无骄侈黠诈之习。思无越畔土,物爱厥心臧,保世承家之本也。"① 当然,他又申明注重耕作并不意味着不读书学习,他强调耕读"不可虚有其名而无其实","耕必曰力耕,学必曰力学"。②

中国古代的耕读思想直到近代还有深远影响。比如曾国藩,他在给儿子的信中说:"历观古来世家久长者,男子须讲求耕读二事,妇女须讲求纺绩酒食二事。"③ 不过,正像有学者指出的,中国古代的耕读现象"是一种原始状态的教育与生产劳动的相结合,它与资本主义、社会主义的教育与生产劳动相结合的目的、性质有根本的区别,更多带有田园隐逸,道德躬践的中国色彩"④。因此,作为这一现象内在精神的传统耕读思想,虽然也有相当的资源价值,但毕竟有其时代的局限性,这是需要特别注意的。

第二节　中国传统劳动价值观教育思想的局限

习近平总书记指出:"传统文化在其形成和发展过程中,不可避免会受到当时人们的认识水平、时代条件、社会制度的局限性的制约和影响,因而也不可避免会存在陈旧过时或已成为糟粕性的东西。"⑤ 中国传统劳动价值观教育思想作为中国传统文化的组成部分,显然也存在一些糟粕性的东西。我们在传承和弘扬中国传统劳动价值观教育思想精华的同时,也需要认清中国传统劳动价值观教育思想中的糟粕性或者局限性的方面。

一、"万般皆下品,唯有读书高"

就劳动来说,有体力劳动,也有脑力劳动,或者说有"劳力",也有"劳心"。在中国传统社会,很多思想家认识到体力劳动关乎人类生存、国家富强以及个人全面发展的意义,但从整个社会的思想意识来看,体力劳动并没有得到充分

① 张履祥.杨园先生全集:下 [M].北京:中华书局,2002:1353.
② 张履祥.杨园先生全集:下 [M].北京:中华书局,2002:1352.
③ 夏家善.名臣家训 [M].天津:天津古籍出版社,1997:234.
④ 胡青.耕读——中国古代的教育与生产劳动相结合 [J].江西师范大学学报(哲学社会科学版),1992,25(3):9-22.
⑤ 习近平谈治国理政:第二卷 [M].北京:外文出版社,2017:313.

的尊重,更受推崇的还是脑力劳动。实际上,在传统社会中,真正得到流行的,是"读书至上"思想。有一句教育儿童的诗,在中国历史上影响深远,那就是:"万般皆下品,唯有读书高。"①这可以说是传统中国"读书至上"思想的体现,它实际所反映的,是以孔孟思想为代表的、在中国占主导地位的儒家思想。

（一）孔子:"君子谋道不谋食"

孔子(图2.14)是中国伟大的思想家、教育家,儒家学派的创始人。在教育方面,据传随他受教的弟子有三千人之多,其中身通"六艺"的有七十二人。更为重要的是,他通过总结教育经验形成的教育思想影响中国两千多年,至今余韵犹存。在孔子的教育思想中,确实包含了大量的思想精华。匡亚明指出:"孔子是中华民族历史上第一个伟大的教育家……他的教育思想、教学方法、治学态度,以及所倡导的互敬互爱的师生关系,直到今天仍然值得我们学习和借鉴。"②但不可否认的是,在孔子思想中,也存在需要完善之处,比如他轻视体力劳动的错误态度,虽然在今天仍有影响但确实需要修正了。孔子对体力劳动的轻视,主要体现在《论语·子路》中的"樊迟请学稼"这一章,其文如下:

樊迟请学稼。子曰:"吾不如老农。"请学为圃。曰:"吾不如老圃。"樊迟出。子曰:"小人哉,樊须也!上好礼,则民莫敢不敬;上好义,则民莫敢不服;上好信,则民莫敢不用情。夫如是,则四方之民襁负其子而至矣,焉用稼?"③

樊迟(前515—?,图2.15),孔子的弟子,名须,字子迟。上面一段话的大体意思是说,樊迟向他的老师孔子请教如何种庄稼,孔子回答:"在这方面我不如有经验的老农。"樊迟又向孔子请教如何种菜。孔子回答:"在这方面,我不如有经验的老菜农。"樊迟后来走出了房间。这时孔子说:"樊须这个人是要向小人的方向上努力啊!如果统治者喜好并倡导礼,老百姓就没有人敢不持恭敬态度

---

① 这两句诗出自宋代汪洙的《神童诗》。这首诗的前面部分表达的是"读书至上""读书做官"之类的思想。相关的诗句有:"天子重英豪,文章教尔曹;万般皆下品,惟有读书高。少小须勤学,文章可立身;满朝朱紫贵,尽是读书人。学问勤中得,萤窗万卷书;三冬今足用,谁笑腹空虚。自小多才学,平生志气高;别人怀宝剑,我有笔如刀。朝为田舍郎,暮登天子堂;将相本无种,男儿当自强。"(李宗为.千家诗 神童诗 续神童诗[M].上海:上海古籍出版社,1993:309.)
② 匡亚明.孔子评传[M].南京:南京大学出版社,1990:286.
③ 朱熹.四书章句集注[M].北京:中华书局,2012:143.

的;如果统治者讲究原则和道义,那么老百姓就没有人敢不心服的;如果统治者讲究并坚守信用,那么老百姓就没有人敢不说真话的。能做到这几点,四方的老百姓都会背负着小孩子来投奔了,为什么还要自己亲自种庄稼呢?"这段话总的来说是属于谈政治或国家治理方面问题的,其中表达了孔子对樊迟向他请教种庄稼和种菜问题的不满。在孔子看来,统治者只要讲究并实践礼、义和信就行了,不必亲自去种庄稼和种菜。"樊迟请学稼"一章包含的信息是十分丰富的,其中重要的信息至少有两点:一,孔子是关心学生樊迟的;二,孔子在思想上确实看不起生产劳动或体力劳动。

图 2.14　孔子

图 2.15　樊迟

作为老师的孔子,的确时时关爱学生、为学生着想。虽然孔子办的教育是私学,但是在培养目标上和当时的官学并无二致,都是要培养"君子",即国家和社会的管理者的,并不是要培养"小人",即农民这样的生产劳动者。孔子曾经告诉他的学生子夏,你要做一个"君子"式的儒,不要做一个"小人"式的儒。[①]他希望他的每个学生都能成为做大事的管理者,即"君子"。那么,怎样才能成为这样的"君子"呢?孔子的回答是:"君子谋道不谋食。耕也,馁在其中矣;学也,禄在其中矣。君子忧道不忧贫。"[②] 由此我们就可以理解孔子对樊迟不满的原因了。在孔子看来,"君子"是"谋道"的,不是"谋食"的,而樊迟却反其道而行之。所以,孔子在樊迟出了房间后,跟在场的人说樊迟在朝着"小人"的方向努力,其意在于让他们转告樊迟要改变这种错误的思想。孔子认为,如果樊

---

① 《论语·雍也》记载:"子谓子夏曰:'女为君子儒,无为小人儒。'"(朱熹. 四书章句集注 [M]. 北京:中华书局,2012:88.)

② 朱熹. 四书章句集注 [M]. 北京:中华书局,2012:168.

迟真的去做从事耕作的农民,那就免不了挨冻受饿,但是如果通过学习礼方面的知识,等入仕以后就可以有永久性的收入,生活也能得到较为充分的保障了。后来樊迟曾向孔子请教很多其他方面的问题,比如"仁""知"等,有一次他向孔子请教"崇德修慝辨惑"三个问题,孔子当即表扬:"善哉问!"①意思是说:"你的问题提得非常好啊!"后来,樊迟也没有种庄稼,而是在鲁国仕于季氏,担任他的同学冉有的副将。②

　　"樊迟请学稼"一章也反映了孔子确实存在轻视体力劳动的思想倾向。孔子年轻时曾经做过"乘田"(掌管畜牧的小吏)和"委吏"(古代管理粮仓的小官)的差事,但在孔子看来,这两个工作并不怎么光彩体面。他说:"吾少也贱,故多能鄙事。"③当然,这种不重视生产劳动或体力劳动的思想并非孔子一人专有,这可以说是古代大多数中国人的共识。顺着这种思想发展下去,那就是在传统社会盘踞在中国人思想深处的"学而优则仕"的读书做官思想。这种思想是从孔子的学生子夏口中说出的。它的原话出自《论语·子张》:"子夏曰:'仕而优则学,学而优则仕。'"④它的意思就是,如果做官有余力那就去学习,如果学习有余力那就去做官。后来人们重视的只是后一句"学而优则仕",而且把它理解为如果学业好就能做官。在中国传统社会制度的主导下,这几乎成了中国古代读书人的共同追求。孔子的这种思想在当时就受到批判。《论语·微子》记载,有一次子路向"荷蓧丈人"打听是否见过"夫子"即他的老师孔子,"荷蓧丈人"当时就讥讽说:"四体不勤,五谷不分,孰为夫子?"⑤这可以说是对孔子和他的学派的严厉批评。

(二)孟子:"劳心者治人,劳力者治于人"

　　孔子之后,儒家学派的重要代表人物孟子(图2.16)也提出一个轻视体力劳

---

① 朱熹. 四书章句集注 [M]. 北京:中华书局,2012:140.

② 《孔子大词典》对樊迟是这样介绍的:"有勇武精神,曾仕于季氏。鲁哀公十一年(前484年)齐、鲁之战时,尽管季康子嫌其'弱'但冉求仍以他为副将。在作战中,鲁军不敢越沟迎战,他说:'非不能也,不信子也,请三刻而逾之。'(《左传·哀公十一年》)鲁众从他冲入其师。"(张岱年. 孔子大辞典 [M]. 上海:上海辞书出版社,1993:441.)

③ 朱熹. 四书章句集注 [M]. 北京:中华书局,2012:110.

④ 朱熹. 四书章句集注 [M]. 北京:中华书局,2012:191.

⑤ 朱熹. 四书章句集注 [M]. 北京:中华书局,2012:186.

动的命题，那就是"劳心者治人，劳力者治于人"。它出
自《孟子》的《滕文公上》。据该文记载，农家学派代表
人物许行的弟子陈相见到孟子，就向孟子宣传许行"贤
者与民并耕而食，饔飧而治"的主张。孟子发挥了自己
的辩才，对农家的这种违背社会分工的片面思想进行了
驳斥。孟子反问陈相，许行的衣服和帽子是从哪里来的？
是不是自己做的？陈相回答，不是自己做的，是用粟换来
的。孟子问，许行为什么不自己做？陈相回答，这样会影
响干农活。孟子又反问，许行的生活用具和生产工具是
不是自己做的？陈相回答，也是用粟换来的。孟子据此

图 2.16　孟子

对许行的观点进行了尖锐批判，还讲了一段带有总结性的话："然则治天下独可
耕且为与？有大人之事，有小人之事。且一人之身，而百工之所为备。如必自
为而后用之，是率天下而路也。故曰：或劳心，或劳力；劳心者治人，劳力者治于
人；治于人者食人，治人者食于人；天下之通义也。"之后，他又列举尧舜选举人
才治理天下进一步说明"贤者与民并耕而食，饔飧而治"的观点不能成立。①

　　孟子对农家学派的批评存在非常明显的不足。就"劳心""劳力"的区分而
言，可以说古已有之。《左传·襄公九年》记载了知武子讲的话："君子劳心，小人
劳力，先王之制也。"②这是说不同社会地位的人的分工不同，还没有过多的褒贬
色彩。然而，孟子在批判农家学派论述中却将这种差别加以强化，更突出了鄙
视下层体力劳动者的错误认识。在孟子看来，"劳心者"为"大人之事"——"治
人"；"劳力者"为"小人之事"——"治于人"，他还将其上升到"天下之通义"
的高度。这种等级化的观念显然是中国古代的封建统治者喜欢并愿意采纳的。
毛泽东在《新民主主义论》中指出，对中国封建社会灿烂的古代文化，要"剔除
其封建性的糟粕"，而"封建性"的最主要表现就是等级观念。孟子的这段突显
社会等级对立的论述，是我们要剔除的"封建性的糟粕"。对此，张岱年有精辟
概括，他指出："儒家思想是在等级社会中发展起来的，从孔子开始，即认为区分
上下贵贱的等级是必要的。……孟子更明白宣扬'劳心者治人，劳力者治于人；

---

① 朱熹. 四书章句集注 [M]. 北京：中华书局，2012：261-263.
② 王守谦，金秀珍，王凤春. 左传全译 [M]. 贵阳：贵州人民出版社，1992：802.

治于人者食人，治人者食于人。天下之通义也'。……分别上下贵贱，维护等级秩序，这是儒家的一贯态度，也是儒家的严重缺点。"① 虽然孟子也提出"民贵君轻"的民本论的合理思想，但他维护等级制度的观点，不能不说是需要摒弃的封建性的糟粕。

孟子的"劳心者治人，劳力者治于人"观点与孔子的"君子谋道不谋食"观点是一致的，都体现了"劳心"和"劳力"的对立。陆定一在《教育必须与生产劳动相结合》的讲话中，批评了资产阶级的"劳心与劳力分离的教育方针"，其中也联系了孔子和孟子这方面的观点。他指出："劳心与劳力分离的原则，在教育工作中已经统治了几千年。历史上的一切剥削阶级，都坚持这个原则。二千多年以前，孔子就反对教育与生产劳动相结合，他把'请学稼''请为学圃'的樊迟斥为'小人'。孟子反对许行，说'劳心者治人，劳力者治于人，治于人者食人，治人者食于人，天下之通理也'。资产阶级的教育学家们，在这一点上，同孔孟是完全一致的。"②

二、"昔之清谈谈老庄，今之清谈谈孔孟"

明朝灭亡后，面对"天崩地解"的形势，当时的先进思想家开始思考一个重大问题，那就是：明朝何以亡？经过深刻反思，他们认识到导致明王朝覆灭的重要原因是理学末流特别是王学末流空谈心性的缘故。顾炎武在他的《日知录》中这样写道："五胡乱华，本于清谈之流祸，人人知之。孰知今日之清谈，有甚于前代者。昔之清谈谈老庄，今之清谈谈孔孟，未得其精而已遗其粗，未究其本而先辞其末，不习六艺之文，不考百王之典，不综当代之务，举夫子论学论政之大端一切不问，而曰'一贯'，曰'无言'，以明心见性之空言，代修己治人之实学。股肱惰而万事荒，爪牙亡而四国乱，神州荡覆，宗社丘墟。"③ 其中，他联系到魏晋时期的清谈作风，认为这种作风是导致国亡的根本原因。

① 张岱年. 张岱年全集：第六卷 [M]. 石家庄：河北人民出版社，1996：570.

② 陆定一. 教育必须与生产劳动相结合 [M] // 陆定一文集：下. 北京：人民出版社，1992：597.

③ 顾炎武. 卷之七：夫子之言性与天道 [M] // 黄汝成. 日知录集释：上. 上海：上海古籍出版社，2013：402.

（一）两晋学士虚谈废务

魏晋时期，玄学盛行。学者多以六经中的《周易》以及道家经典《老子》《庄子》为据，探讨"本末""有无"及"名教""自然"之类的问题，严重脱离现实，不着边际，虚浮风气流行。对此，颜之推在《颜氏家训》中曾做专门批判。

颜之推指出："吾见世中文学之士，品藻古今，若指诸掌，及有试用，多无所堪。居承平之世，不知有丧乱之祸；处庙堂之下，不知有战陈之急；保俸禄之资，不知有耕稼之苦；肆吏民之上，不知有劳役之勤，故难可以应世经务也。"这是说，那些文学之士虽然很善言谈，能品评人物，但"多迂诞浮华，不涉世务"。到梁武帝时期，那些高门士族，穿着华丽，但是身体虚弱，不能骑马走路，需要坐车并靠人服侍，儒雅的健康令王复竟然把马错认成老虎，因此，在侯景叛乱时他们就不能应对了。对他们的文弱风貌，颜之推这样写道："梁世士大夫，皆尚褒衣博带，大冠高履，出则车舆，入则扶侍，郊郭之内，无乘马者。周弘正为宣城王所爱，给一果下马，常服御之，举朝以为放达。至乃尚书郎乘马，则纠劾之。及侯景之乱，肤脆骨柔，不堪行步，体羸气弱，不耐寒暑，坐死仓猝者，往往而然。建康令王复，性既儒雅，未尝乘骑，见马嘶喷陆梁，莫不震慑，乃谓人曰：'正是虎，何故名为马乎？'其风俗至此。"对此虚浮的风气，颜之推非常不满，在他看来，"士君子之处世，贵能有益于物耳，不徒高谈虚论，左琴右书，以费人君禄位也"[1]。

在谈到领导干部学习问题时，习近平总书记以历史上两晋时期的清谈为例批评了脱离实际的空谈学风。他指出："'空谈误国，实干兴邦'，说的就是反对学习和工作中的'空对空'。战国赵括'纸上谈兵'、两晋学士'虚谈废务'的历史教训大家都要引为鉴戒。领导干部要发扬理论联系实际的马克思主义学风，带着问题学，拜人民为师，做到干中学、学中干，学以致用、用以促学、学用相长，千万不能夸夸其谈、陷于'客里空'。"[2]魏晋时期的清谈确实危害深重。一个典型的事例就是西晋时期的王衍。王衍是琅邪临沂（今山东临沂）人，字夷甫，年轻时便"俊秀有令望，希心玄远"，给王衍作画的顾恺之还称赞他说"衍岩岩清峙，壁立千仞"。琅邪王氏是当时的世家大族，因此，王衍在西晋末年曾先后任尚书令、太尉等要职。然而，他却不干实事，一味地以清谈为务。西晋灭亡之际，

---

① 夏家善. 颜氏家训 [M]. 天津：天津古籍出版社，1995：127-128.
② 习近平谈治国理政 [M]. 北京：外文出版社，2014：406.

他被石勒派人在夜里推墙填杀，落了个国亡身死的可耻下场。王衍在临死的时候，慨叹地说："呜呼！吾曹虽不如古人，向若不祖尚浮虚，戮力以匡天下，犹可不至今日。"①

（二）阳明后学空谈心性

阳明心学作为创造性的学说，在思想史上起过一定的积极作用。这一学说极力宣扬精神和理性的作用，补救了朱学支离烦琐的弊端，把理学推进到一个新的发展阶段。但是，阳明心学过分夸大精神的领悟作用，致使其代表人物的思想走向虚无化。以其宗师王阳明本人为例，他到晚年在思想上即表露出一定的虚无主义倾向。王阳明死后，阳明后学的主体按照"顿悟"和"渐悟"两条道路发展。顿悟派以王畿和王艮为代表；渐悟派以邹守益和钱德洪等人为代表。他们都片面发展了阳明学的糟粕，使其走向日益空虚、贫乏的绝境。以顿悟派的王畿为例，他认为"良知"不仅是先天的，而且是"现成"的，因此不需要读书明理和砥砺德行，更不必参与社会实践，只要从心悟入就可以。就渐悟派的邹守益来说，虽然认为"良知"需要渐修的功夫才能显露出来，但他们所谓的"功夫"不过是静坐敛心而已，以为只要做到虚静无欲即可以逐渐悟出"天理"，成为"圣人"。阳明后学对净心自悟、面壁禅坐的鼓吹，更加深了心学的禅宗化程度，也形成了不读书、不探讨实际学问，只知道谈心性、诵语录、参话头的空疏学风。在他们的倡导下，终日清谈成为整个官场的作风，使得社会危机也大大深化了。

对阳明后学空谈心性导致国亡的弊端，颜李学派的代表人物之一李塨给予有力批评。他说："三代而上，以躬行实践为主……沿至宋明，虚文日多，实学日衰，以诵读为高致，以政事为粗庸。……至于明末，万卷经史，满腹文词，不能发一策，弯一矢，甘心败北，肝脑涂地，而宗社墟，生民燔矣，祸尚忍言哉！"②李塨还认为，明末阳明后学空谈心性的根源来自程朱理学。他在《与方灵皋书》中说："陵夷以至五季，程朱诸儒出，慨然欲任圣绪，而沿流既远，寻源为难。于所谓存心养性者，又杂以静坐内视，浸淫释、老，将孔门不轻与人言一贯性天之教，

① 房玄龄，等. 卷四十三：列传第十三：王戎 [M] // 晋书：第四册. 北京：中华书局，1974：1238.
② 李塨. 李塨集：下 [M]. 北京：人民出版社，2014：1125.

一概乖反。处处谈性,人人论天,而外以孝悌忠信为行,注经论道为学,独于孔门之礼乐兵农,执射、执御、鼓瑟、会计,忽焉不察,以为末务。又诿之以小学已失,而遂置之。以空虚之禅悦,怡然于心,以浮夸之翰墨,快然于手。目明之末世也,朝庙无一可倚之人,天下无复办事之官,做大司马堂,批点《左传》,敌兵临城,赋诗进讲,以至天下鱼烂河决。"[①]

就中国古代劳动价值观教育的局限来说,举其大端而言就是"万般皆下品,唯有读书高"的轻视体力劳动的思想以及历史上不重视实际的清谈学风,这两种轻视体力劳动的思想观点至今仍有影响,如不进行彻底批判,对开展新时代的劳动教育来说是不利的,因此需要从学术上给以澄清。

本章小结

根据马克思主义对待传统文化的批判继承原则,考察中国传统的劳动价值观教育思想,不仅要总结中国传统劳动价值观教育思想的精华,也需要指出中国传统劳动价值观教育思想的糟粕。

中国传统劳动价值观教育思想的精华,主要包含两部分:一是思想认识上的正确的劳动观点;二是行为实践上的积极的劳动态度。就思想认识上的正确观点来说,中国古代的先贤们就劳动对人类生存、国家发展、个人成长三方面的作用进行了大量论述,认为:劳动是人类的生存之本;劳动是国家的强盛之要;劳动是个人的成长之基。就行为实践上的积极的劳动态度而论,中国古代的教育家们不仅主张辛勤劳动和诚实劳动,还倡导耕读结合的生活方式。对于这些思想,需要在科学的扬弃的观点指导下进行传承和弘扬。

中国传统劳动价值观教育思想也存在一定的糟粕。这主要有两个方面:一是"万般皆下品,唯有读书高"的轻视体力劳动的错误思想;二是中国历史上特别是两晋时期以及明末的清谈学风。这些思想的遗存,对于开展劳动教育是不利的,必须予以批判。

---

① 冯辰,刘调赞. 李恕谷先生年谱 [M] // 李塨. 李塨集:下. 北京:人民出版社,2014:1807.

第三章

中国传统劳动技术教育思想

马克思和恩格斯在《德意志意识形态》中指出:"人们为了能够'创造历史',必须能够生活。但是为了生活,首先就需要吃喝住穿以及其他一些东西。因此第一个历史活动就是生产满足这些需要的资料,即生产物质生活本身。"①这就是说,物质资料生产或者说生产劳动,是社会赖以存在和发展的基础,是其他一切活动的首要前提。为了提高和改进生产,关于生产技术方面的教育是不能不重视的。在古代社会里,中国人一直比较重视农业和手工业方面的劳动技术教育。这方面的精神财富也是中国传统劳动教育思想的重要内容。

第一节　中国传统劳动技术教育的途径和方法

古代中国人之所以能在劳动技术和劳动生产方面取得较高成就,很大程度上归功于他们在劳动技术教育方面有着广泛的途径和多样的方法。现在为开展好包括劳动技术教育在内的劳动教育,需要对中国传统劳动技术教育的途径和方法进行全面深入的总结和研究。

一、中国传统劳动技术教育的途径

中国传统劳动技术教育的途径是全方位的,有来自官方的,有来自专家的,还有来自家庭的。这三种教育的途径相互结合、相互补充。正是得益于多渠道、全方位教育的途径,中国传统劳动技术才为古代广大的劳动群众所掌握,也为我国传统劳动生产的发展奠定了重要基础。

(一)官方的劳动技术教育

官方的劳动技术教育是我国古人进行劳动技术教育的主要方式。它是通过设立专门的政府机构和官员来普及劳动技术知识的方式。这种方式具有明显的强制性,产生的效果也是最好的。

官方的劳动技术教育在农业知识普及中最为常见。西周时期,从中央到地方都设有"司徒"一职。据《周礼》记载:"颁职事十有二于邦国都鄙,使以登万民:一曰稼穑,二曰树艺,三曰作材,四曰阜蕃,五曰饬材,六曰通财,七曰化材,

---

① 马克思,恩格斯. 德意志意识形态[M]//马克思,恩格斯. 马克思恩格斯选集:第一卷. 北京:人民出版社,2012:158.

八曰敛材，九曰生材，十曰学艺，十有一曰世事，十有二曰服事。"① 由此可见，司徒官员掌握大田农作、果蔬种植、山林采伐、野果采集、鸟兽豢养等十二项教民生产的劳动技术，几乎涉及了当时的农林牧副各业。汉朝时期，中央政府设立大司农、力田等职务，负责教人们农业生产技术。当时，为了推广赵过的代田法，全国郡守让各地县令、三老、力田、乡里老农去京师学习，之后再教给当地的农民，通过这种方式传授给人们先进的耕作方法。隋唐时期，国家实行劝课农桑制度，通过中央政府、州政府、县政府、乡里层层实行，当时的法律有专门规定："诸里正，依令：'授人田，课农桑。'若应授而不授，应还而不收，应课而不课，如此事类违法者，失一事，笞四十。"② 据此可见，当时政府是鼓励农民开垦荒地的，这不仅促进了农业技术的传播，也推动了隋唐时期农业的发展。元朝时期，中央政府设立了负责农业生产的"司农司"机构，还设立劝农官负责农业管理和教育。为更有效地教授农业生产技术，元朝政府开设了专门主持教化的社学，规定让年高通晓农事的人担任社长，其主要任务就是教劝农桑。这为推动农业劳动技术的教育起到了积极作用。明朝时期，政府实行了更加严格且更加制度化的劝农制度，在各地设立劝农主簿、劝农参政等职位，还明确要求官员做到"田野辟"和"户口增"，也就是要做好农业生产和教育的工作。

就手工业来说，自商朝中期起，它从农业中分化出来，并形成了固定分工。中国古代的手工业生产大致分为私营和官营两种。官营手工业是在官府设立的手工业工场中进行的，从事的生产更多的是为了满足贵族生活的需要。《论语》中所说的"百工居肆以成其事"③，描述的就是这一场景。官营手工业工场汇集的手工业者非常多。从殷商时期开始，政府建立了工官制度。这一制度对手工业者具有监督管理和职业教育的职能。秦汉时期，中央设有大司农及少府进行管理，地方也设有工官来管理。这些机构对手工业有教育教导的责任。唐朝时期，中央政府设立少府监掌百工技巧之政，同时设立将作监掌管土木工匠之政，负责管理和教育百工技巧。在官方作坊中，"百工"的技艺教育主要由"工师"负责，不同的手工生产具有不同的"工师"。这种官方的手工业劳动技术教育方

① 李学勤. 十三经注疏·周礼注疏 [M]. 北京：北京大学出版社，1999：265.

② 袁文兴，袁超. 唐律疏议注译 [M]. 兰州：甘肃人民出版社，2017：373.

③ 朱熹. 四书章句集注 [M]. 北京：中华书局，1983：190.

式,一般是将各个地方的良工巧匠汇聚到一起,能够方便手工业者之间的交流和学习。同时,官方的手工业具有完善的培训、考核和管理制度,更加促进了手工业劳动技术教育的发展。宋朝时期,官营作坊中设有少府监、将作监及军器监等,并开始以"法式"的方式教授徒弟,即在总结生产经验的基础上制定出生产的技术规范,就像现在的工匠操作手册,一般包括"名例""制度""功限""料例""图样"等部分。其中,李诫的《营造法式》一书就是宋代"法式"教育的典范,也为建筑工徒的教育提供了教材。

（二）专家的劳动技术教育

由专家进行劳动技术教育也是传统劳动技术教育的重要途径之一。其中的专家主要包括政府官员、知识分子和民间专家。他们以各自不同的方式对百姓开展教育。这种教育途径受众面较广,大大弥补了官方劳动技术教育的不足,同时体现了教育社会性的特点。

就政府官员来说,他们往往借助职务的便利,收集、总结和推广劳动生产经验,同时对百姓开展劳动技术教育。我国第一位"司农之官"后稷,曾提出"水处者渔,山处者木,谷处者牧,陆处者农"①。这是教育人们要根据地理环境和作物类别,因地制宜开展劳动生产。汉代的搜粟都尉赵过,为推广代田法和耧车,亲自对农民进行指导,达到了"用力少而得谷多"的效果。汉代的"劝农使者"氾胜之在担任职议郎期间,到关中平原推行代田法,教导人们土地管理、选育良种、作物种植、土地施肥等技术,促进了作物产量的提高。北魏农学家贾思勰担任高阳太守期间,教育人们重视农业、从事农业、热爱农业,推动了高阳地区的农业生产的发展。元代的农学家王祯曾任旌德县、永丰县县尹。他经常去乡下督促农业活动,并通过劳动技术推广、编写农书等方式来促进农业生产。元代的农学家鲁明善曾任安徽寿春郡的监察官。他认为,地方官最根本的任务是"劝农",就是要将科学的农业生产知识教给农民。鲁明善还编写了《农桑衣食撮要》一书,以教授农民相关农业知识。

知识分子参加劳动生产活动,在总结群众劳动经验的基础上进行研究,也是对百姓进行劳动技术教育的重要途径。春秋战国时期的农业专家许行共教导了几十名学生。他和他的学生们同耕共学,开创了农家私学的先例。唐代农学

---

① 高诱.淮南子注卷十一:齐俗训 [M] //诸子集成:第七册.上海:上海书店,1986:172.

家陆龟蒙，一生没有入官场，在松江甫里过着耕读生活。他热爱研究农具，编著了《耒耜经》一书教授农业工具知识。南宋农学家陈旉致力于躬耕实践，注重研究农业生产的技术方法和管理方式，还将先进的种植技术、育秧技术、积肥方法、养桑育蚕方法等教给农民，帮助他们掌握正确的生产技术知识。明朝农学家王徵发明了虹吸、鹤饮等灌溉工具，制作了代耕、自转磨、自行车等生产工具，促进了当地农业生产的迅速发展。明末清初的学者张履祥一直过着耕读生活，农闲时学习农业知识，农忙时开展生产劳动，大家评价他"凡田家纤悉之务，无不习其事而能言其理"[1]，认为他既擅于农事，又能将农业生产知识教导给人们。清代农学家杨双山在自己的房子前后种植桑树，通过实验和示范，教给农民种桑养蚕的方法，给他们生产技术方面的指导。

民间专家是在劳动人民中直接成长起来的，他们在长期劳动过程中掌握了某项技能或方法，在生产活动中直接向人们传授劳动知识，对人们进行劳动技术教育。元朝纺织专家黄道婆在学习了纺线织布的技术后，将纺织知识手把手地教给乌泥泾的人们。到元朝末期，乌泥泾从事棉纺业的居民有一千多家，成为著名的纺织中心。当地还流传着一首歌谣："黄婆婆，黄婆婆，教我纱，教我布。两只筒子两匹布。"明朝的喻仁、喻杰兄弟是民间的兽医。他们在长期的实践中积累了丰富的经验，后来经过培训，学习了之前的兽医著作，又通过总结经验、收集民间验方，撰写了《元亨疗马集》《疗牛集》和《驼经》三部著作。其中，《元亨疗马集》是我国传统兽医学成熟的标志，对促进当时畜牧兽医的发展和教育起到了重要作用。

（三）家庭的劳动技术教育

家庭的劳动技术教育，是我国传统劳动技术教育的又一重要途径。它主要包括家传制和师徒制两种方式。

家传制是指以家庭血缘关系为基础，世代相传劳动技术知识的教育方式，具有技术教育和道德教育并行、生产与学习完全融合的特点。据《国语》记载，管仲在论述"士、工、农、商"四种职业发展的问题时，曾提出"士之子恒为士""工之子恒为工""商之子恒为商""农之子恒为农"的主张。[2] 这体现的就是家

---

① 张履祥. 杨园先生全集：下 [M]. 北京：中华书局，2002：1389.
② 左丘明. 国语 [M]. 济南：齐鲁书社，2005：110-111.

传制的教育途径。在农业劳动技术教育上，家传制是最普遍、受众者最多的教育方式。孩子从小跟着父母和其他长辈参加农业生产劳动，父母和其他长辈自然就担任着教育者的角色，他们通过直接示范、交流问答、学习歌谣谚语等方式，向下一代传授耕作技术、农具使用等知识，将农业知识和技能一代代地延续，推动着古代农业的进步和发展。家传制在手工业教育中较为普遍，《礼记·学记》中提出："良冶之子，必学为裘；良弓之子，必学为箕；始驾马者反之，车在马前。君子察于此三者，可以有志于学矣。"① 这说明家传制方式对于手工业的技艺传承也是适宜和有效的。唐朝政府规定："工巧业作之子弟，一入工匠后，不得别入诸色。"② 这从国家层面上明确了家传制是劳动人民传授手工艺技术的主要形式。当时各地的许多名牌产品都是家传产业，形成了"族有世业"的状况，如杭州地区的"张小泉剪刀"，南京的"仰氏之扇""伍少西之毡货""汪天然之包头绢"，等等。

家庭的劳动技术教育，最初是在家庭范围内以血缘形式进行传递的。之后，它逐渐演变成师徒制的方式。所谓师徒制，是通过师傅和徒弟之间传授经验和技术的教育方式。在长期相处中，师傅通过言传身教和现场教学来组织学习，徒弟在实际劳动生产中边看边学，通过潜移默化培养技艺和才能、传递知识和价值观，达到传授劳动技能、树立劳动观念的效果。这种教育方式在传统社会中有着重要地位。原始社会末期和奴隶社会初期，奴隶主为提高手工业生产水平，让一些能工巧匠充当师傅，在大规模奴隶协作劳动中传授技能，自此产生了师徒制教育活动。春秋战国时期，各行各业都提倡尊崇师教，以不断提高技艺水平，推动各项工艺的发展。《国语》有云："旦暮从事，施于四方，以饬其子弟，相语以事，相示以巧，相陈以功。少而习焉，其心安焉，不见异物而迁焉。"③ 到唐朝时期，师徒制教育得到了进一步发展。《新唐书·百官志三》载有不同工匠学艺的年限："钿镂之工，教以四年；车路乐器之工，三年；平漫刀稍之工，二年，矢镞竹漆屈柳之工，半焉；冠冕弁帻之工，九月。"④ 徒弟在半年到四年不等的时间

---

① 胡平生，陈美兰. 礼记·孝经 [M]. 北京：中华书局，2007：126.

② 李林甫，等. 唐六典：上 [M]. 北京：中华书局，2014：222.

③ 左丘明. 国语 [M]. 济南：齐鲁书社，2005：110.

④ 欧阳修，宋祁. 卷四十八：志第三十八：百官三 [M] // 新唐书：第四册. 北京：中华书局，1975：1269.

里向师傅学技艺,通过严格的考核制度,学成者出师。

二、中国传统劳动技术教育的方法

中国古代从事农业和手工业研究的科学家们,在开展劳动技术教育的过程中,根据劳动者的特点和自身发展的需要,形成了一些卓有成效的教育方法。这些方法在生产实践中得到广泛运用和推广,使得劳动技术成果世代相传、不断发展。这些方法主要包括问答法、实验法、图示法、示范模仿法、歌诀和谚语教育以及相关著作传播。

(一)问答法

所谓问答法,是指传授者和学习者通过问答形式学习劳动知识和技术的方法。它是我国传统劳动技术教育的方法之一。问答法的形式是多样的,既包括相关专家或官员询问、劳动者回答,也包括劳动者询问、相关专家或官员回答,还有劳动者之间相互问答。其中,劳动者询问、相关专家或官员回答是最普遍也是最主要的形式。早在尧舜时期,农师后稷在农业生产中获得成功。人们为了学习农业生产知识,经常向他请教,后稷便将自己通过实践获得的方法全部教给大家。后稷之后,农业专家和官员成为农民学习请教的主要对象。除了农民通过询问向农业专家学习,农业专家也经常向农民学习和请教。例如,北魏农学家贾思勰在编写《齐民要术》的过程中,给自己定下了"采捃经传,爰及歌谣,询之老成,验之行事"[1]的原则。他经常深入田间地头进行调查研究,向当地农民询问气候、地理、物候等问题,借此获取相应的农业知识技术,然后将这些知识进行记录和整理,在此基础上撰写了惠及广大农民的名著《齐民要术》。

(二)实验法

就实验法来说,它特别强调直接经验的重要性,主张通过实验的方法,形成正确的认识,进而获得相应的劳动技能。西周时期,冶铜技术取得了重要突破,工匠们通过反复的实验观察,能够准确掌握冶炼的火候。对此,《考工记》记载说:"凡铸金之状,金与锡,黑浊之气竭,黄白次之;黄白之气竭,青白次之;青白

---

[1] 贾思勰. 齐民要术·序 [M]. 北京:团结出版社,1996:4.

之气竭,青气次之,然后可铸也。"[①]墨家学派在教学中创立了科学实验法,如他们进行的小孔成像实验,正确阐述了光的直线传播原理。墨家的实验特别严谨,对实验的条件有明确的规定,在《墨经》中保存了这方面的记录。墨子作为墨家学派的创始人,在劳动技术教育中重视实践知识与技术的传授,通过实验法制作出了桔槔机、辘轳、滑轮、车梯等工具。他与弟子经过大量的实验操作,发现了杠杆原理,并运用它研制出桔槔机,解决了打水浇地难的问题;他们还通过反复实验制作了辘轳,解决了挖井抬水难的问题。清代思想家颜元也十分强调实验操作的重要性,提出了"习行"的教育方法,指出:"某谓心上思过,口上讲过,书上见过,都不得力,临事时依旧是所习者出,正此意也。"[②]

(三)图示法

图示法是一种通过易懂、易记、直观、易于仿效的图像,传播劳动技术知识,进行劳动技术教育的方法。《管子》是现存最早的采用图示法进行劳动技术教育的著作。该书通过每月一幅形象的挂图,展示当时的历法,充分显示了教学方法的先进性。宋朝以后,图示法教育获得进一步发展,兽医学校制作了挂图和模型作为教具,其中《牛马六道图》就是用来教授针灸知识的重要工具。元朝时期的农学家王祯编写的《农器图谱》开创了整体性农书附图的先例,其中对每个农具都附有图谱,在图谱中介绍其结构、起源、演变和使用方法等。这本书是一本图文并茂的农业科普著作,在传播农业劳动技术知识方面作出了突出的贡献。明代邝璠的《便民图纂》运用图示记录了耕织技术,每幅图中还附有易懂易记的竹枝词,深受百姓的喜爱,在民间广为流传(图3.1)。清朝时期方观承的《木棉图说》总结了从种棉到织布全过程的实践经验。该书共配有16幅图画和解说,将生产技术重点充分展示出来。同时期的农学家杨双山在《豳风广义》中介绍了从种桑、养蚕、缫丝到纺织每个环节的技术知识,还在描述的过程中附有图画。该书在山东、陕西、河南等地曾被多次重刻,为我

图3.1 《便民图纂》中
对浸种的介绍

① 闻人军.考工记导读[M].成都:巴蜀书社,1988:235.
② 颜元.颜元集:上[M].北京:中华书局,1987:54.

国北方地区蚕桑业的发展起到了一定的推动作用。

（四）示范模仿法

示范模仿法是通过展示劳动技术及其效果，使人们对此技术方法形成认可，进而再传授相关的劳动技术知识，以达到教育目的的。这种方法在手工业艺徒教育中经常使用。据《考工记》记载，古代手工匠人训练就是从示范和模仿开始的。《考工记》作者认为："知者创物，巧者述之，守之世，谓之工。"① 可见，艺徒学艺主要是从模仿前人的技艺开始的，他们在擅长实际操作的师傅的示范下，逐渐掌握了手工技术，并将其世代相传。《礼记》介绍艺徒训练时，将艺徒比喻为刚开始学驾车的小马，认为在学驾车时要让小马跟在车后，通过模仿老马驾车，逐渐掌握长途跋涉的技巧。该书作者认为，在手工匠人的示范下，艺徒经过"见闻习熟"，通过长时间的示范模仿，最终能够达到"驯而致之"，成为一名合格的工匠。

在我国古代的农业活动中，许多农业专家都是通过示范模仿法开展农业教育的。汉代的农学家赵过在推广代田法时，先在试验田内进行示范，通过新法和旧法所获产量的对比，证实了代田法比其他耕作方法更优越，从而获得人们的认可。通过赵过的示范推广，代田法很快在山西、甘肃等地方传播起来，后又在北方许多地区风行。明代学者徐光启重视科学实验，他在上海、天津都有试验田，亲自种植水稻、棉花、甘薯、芜菁等。为证明农作物移植的可能性，他曾把山东的芜菁移植到江南，又把福建的田薯移植到上海，后又移植到天津，通过亲身示范，教给农民移植的正确方法。清代农学家杨双山在房子前后种植桑树，向群众示范桑树种植、蚕茧养殖、纺织等技术，引导当地农民种桑养蚕，还影响到关中、陕南等地区，使这些地区有了一定规模的养蚕业。

（五）谚语教育和歌诀

谚语教育是指通过简练生动的语言，将劳动生产中的知识和经验进行概括，并通过口耳世代相传，达到传授劳动技术的目的。谚语教育的内容涉及了种植、栽培、天文、气象、节令、物候、土壤、肥料等方面。例如，"麦要浇芽，菜要浇花""秧好半年稻"等谚语，将农业种植技术的要点通过通俗易懂的语言教给

---

① 闻人军. 考工记导读 [M]. 成都：巴蜀书社，1988：215.

农民;"一年之计莫如种谷,十年之计莫如树木""绿了荒山头,干沟清水流""种树防旱涝"等谚语,告诉农民要科学对待农业和林业的关系;"无牛不成农,无猪不成家""猪是农家宝,粪是地里金"等谚语,教育人们要正确处理种植业与养殖业的关系;"田不冬耕不收,马无夜草不肥""不要挣冬钱,只要犁冬田""今年不翻冬,明年禾仓空"等谚语,强调了冬耕的重要性。此外,天象、气象、物候等方面的知识常被总结为月令,例如,蒙童教学中使用的教材《千家诗》,内容就包含了有关农业生产生活的丰富知识。这些谚语在中国古代为文化教育程度较低的劳动者提供了较为有效的指导,成为农民学习生产知识提高劳动能力的重要手段。

除这些谚语之外,便于吟诵记忆的歌诀也是劳动技术教育的一种方法。例如,《二十四节气歌诀》,根据气温、降水等情况,将一年分为两分(春分、秋分)、两至(夏至、冬至)及嵌在其中的四立(立春、立夏、立秋、立冬),再插入十六个点,分作二十四节气,经过长期的实践检验,证明它具有一定的科学性和实用性。运用歌诀形式概括二十四节气,不仅方便农民记住它们的顺序和特点,还可以将其作为辨别时令、安排生产的依据,在人们的农业生产生活中发挥重要作用。此外,《授时历要法歌》《立春歌诀》《求气节歌》《获稻歌》等,都是传播劳动生产知识的歌诀。将劳动知识以歌诀的形式呈现,通俗易懂、便于吟诵记忆,成为传播劳动技术知识的重要方法之一。

（六）出版相关著作

中国古代官员和专家在长期的劳动生产实践中,总结生产经验,出版了相关著作。这使得劳动技术教育在一定程度上突破了时间和地域的局限。

在农业方面,《齐民要术》《农桑辑要》《王祯农书》《农政全书》《授时通考》是我国古代的五大农书。《齐民要术》由北魏贾思勰所著,是我国现存最早的一部系统的农业著作,主要记载了黄河中下游的农业生产及技术,并通过这些农业知识开展农业技术教育。《农桑辑要》由元代的大司农司编撰,是我国现存最早的官方农书。这部著作总结了当时农业生产的各种知识。1315 年,元政府诏印《农桑辑要》万部,促进了元代农业生产的发展。《王祯农书》由元代农学家王祯编写而成。该书讲解了一百零五种农具,附有三百零六幅农具图,在传播农业科技方面作出了重要贡献。《农政全书》由明代学者徐光启所著,总结了中国古代各方面的农业知识,吸收了一些西方的新技术,还增加了当时的生产经验。该书内容丰富、体系完整,是我国古代农民技术教育的百科全书。清代的《授时通考》为官书,介绍了农业活动四百七十二种,附有图片五百一十二幅,大大推动了农业知识的传承和交流。除此之外,《氾胜之书》《四民月令》《陈旉农书》《补农书》《豳风广义》等农书,也是对农民进行劳动技术教育的重要著作。

在手工业技术教育方面,中国古代有《考工记》(图 3.2)和《天工开物》(图 3.3)等著作。《考工记》是我国第一部专门的手工业著作。该书记载了春秋时期官营手工业工种规范和制造工艺,包括木工、金工、皮革工、染色工、玉工、陶工等六大类三十个工种,在一定程度上反映了当时的手工业发展的情况,对当时手工业技术的教育也起到了重要作用。《天工开物》是明代科学家宋应星撰写的,记载了我国明代中叶以前传统农业和手工业两大领域的劳动技术,包括三十个生产部门、一百三十多项生产技术和工具。该书记录了较为准确的数据,同时运用图示形象展示了每个生产过程、操作流程及其结构、配比等,以帮助人们理解和操作,被誉为"中国十七世纪的工艺百科全书"。此外,木工喻皓编写的《木经》、薛景石编写的《梓人遗制》、李诫编写的《营造法式》、漆工黄诚所著的《髹饰录》、孙云球撰写的《镜史》等著作,为古代手工业教育提供了教本,都是我国手工业技术教育的力作。

图 3.2 《考工记》

图 3.3 《天工开物》

第二节 中国传统劳动技术教育的内容

中国传统劳动技术教育涉及了中国传统哲学理论教育、中国传统农业技术教育、中国传统手工业技术教育三方面的内容。这些都是今天开展劳动技术教育的宝贵资源。

一、中国传统哲学理论教育

在中国传统社会里，人们在生产过程中积累了丰富的经验。他们在将这些经验进行反思、归纳、综合的基础上进行了理论创新，形成了指导生产劳动的一般原则，即中国传统哲学。这是开展中国传统劳动技术教育的基础。大致说来，相关的中国传统哲学理论主要有三方面的内容，分别是天、地、人相统一的思想，阴阳理论和五行学说。

（一）天、地、人相统一的思想

天、地、人相统一的思想是中国古代哲学思想的重要组成部分，也是中国传统劳动技术教育的理论基础。这一思想将劳动生产看作各种因素相互联系和相互作用的整体，主张在改造环境时，充分发挥人的主观能动性，尊重发展的客观规律，以此来促进生产的不断发展。

《考工记》指出："天有时，地有气，材有美，工有巧。合此四者，然后可以为良，材美工巧，然而不良，则不时，不得地气也。"[①] 这里提出制器的四大要素是"天时""地气""材美""工巧"。其中，"工巧"处于首要地位。该书认为，如果将这四个要素结合起来，就能制作出精美的器物。这是手工业生产中天、地、人相统一的思想。

《吕氏春秋》论述了农业生产中的天、地、人三者的关系，指出："夫稼，为之者人也，生之者地也，养之者天也。"[②] 该书在农业生产中把天、地、人辩证统一起来，还把人的因素放在主要位置。它教育农民进行农业生产时，要充分发挥人的主观能动性，正确掌握和运用自然条件，根据自然规律开展农业生产活动，这样才能有效开展农业生产活动。这体现了中国古代农业科学家对农业生产中天、地、人三者关系的深刻认识。

汉代农学家氾胜之提出："得时之和，适地之宜，田虽薄恶，收可亩十石。"[③]他认为，在农业生产中，人只要做到"趋时"和"和土"，即便是在"薄恶"的田地里耕种，一样能有好的收成。他所谓的"趋时"，就是要赶上时节；"和土"，就是

---

① 闻人军.考工记导读 [M].成都：巴蜀书社，1988：216.

② 高诱.吕氏春秋卷第二十六：士容论第六：辩土 [M] // 诸子集成：第六册.上海：上海书店，1986：337.

③ 万国鼎.氾胜之书辑释 [M].北京：中华书局，1957：27.

要改善土壤状况。这体现了氾胜之对天、地、人的关系的认识。

北魏农学家贾思勰在《齐民要术》中提出了关于农业生产的指导思想，那就是："顺天时，量地利，则用力少而成功多。任情返道，劳而无获。"[①]该书主张开展时宜教育，要求农民掌握作物种植遵循的时令或物候，还对从播种到收获的各个环节的合适时间都进行了介绍；另外，开展地宜教育，要求人们掌握土壤的情况，根据作物的不同情况选择适合的土壤。贾思勰还强调，要正确处理时宜和地宜的关系，认为时宜会随着土壤情况的变化而变化，要具体情况具体分析，以此保证农作物增产增收。

宋代农学家陈旉进一步发展了天、地、人相统一的思想。他教育人们在农业生产中要坚持十二个"宜"。其中，除"天宜"和"地宜"之外，另外十个"宜"都是与人的活动息息相关，包括耕耨、下种、粪田、耕耘、财力、居处、节用、稽功、器用和念虑。陈旉还提出了"在耕稼盗天地之时利"的观点，其中的"盗"字指的是人们要主动去夺取天时地利，正确认识和利用自然规律，只要按照适宜的时间安排农事，农作物就能"生之、蓄之、长之、育之、成之、熟之，无不遂矣"[②]。

元代的《农桑辑要》提出，要正确运用地宜和时宜原则。该书认为，地宜与时宜并不是固定不变的，应根据实际情况正确运用。它将这一理论用在向北方推广苎麻和木棉上，提出虽然在地域位置上存在差异，但只要土地、气候等自然条件基本相同，就能够推广同类作物。该书还通过大量的作物种植的事例证实这种观点的正确性，有力批评了当时流行的"风土不宜"说，为不同地区间引进和推广新品种起到了推动作用。

元代农学家王祯提出："顺天之时，因地之宜，存乎其人。"[③]他教育人们在农业生产中要认识天时和地宜的重要性，并且在"时宜""地宜"两方面都要做到"存乎其人"，即要通过人去把握。这是告诉人们要懂得顺应农时、因地制宜和辛勤劳作。

元代农学家鲁明善在《农桑衣食撮要》中提出："四方风土气候不同，凡务本者，宜顺时而动。"[④]他教育人们，在开展农业生产活动时，应遵循天时地利的

① 贾思勰. 齐民要术 [M]. 北京：团结出版社，1996：15.
② 缪启愉. 陈旉农书选读 [M]. 北京：农业出版社，1981：6.
③ 王祯. 农书译注：上 [M]. 济南：齐鲁书社，2009：41.
④ 鲁明善. 农桑衣食撮要 [M]. 北京：农业出版社，1962：134.

原则,此外,还详细介绍了农作物种植适合的时间、土壤、节气、物候等内容。该书关于天、地、人相统一思想教育的最大特点,在于将理论与具体作物种植的实践结合起来,对人们的农业生产活动具有较强的指导性,对推广农业生产技术和方法有着直接的促进作用。

明代农学家马一龙提出:"合天时、地脉、物性之宜,而无所差失,则事半而功倍矣。"[1]他在天时、地利的基础上,增加了"物性"这一因素,即掌握作物本身的特性,这样把农业生产的基本因素归结为四个因素。在这四个因素中,物性是农业生产的出发点,天时和地利是实现物性的基本条件,人力则是能够调节其他三个因素的主体因素,将天、地、人、作物四个因素联为一体,更加全面地保证了农业生产顺利进行。

明清之际的儒家学者陆世仪对天、地、人的关系做了全面、深刻的论述,可以说是对农业生产中的天、地、人关系的系统总结。他提出:"天时、地利、人和,不特用兵为然,凡事皆有之。即农田一事,关系尤重。水旱,天时也;肥瘠,地利也;修治垦辟,人和也。三者之中,亦以人和为重,地利次之,天时又次之。假如雨旸时若,此固人之所望也。然天不可必,一有不时,硗确卑下之地,先受其害矣。惟良田不然,此天时不如地利也。田虽上产,然或沟洫不修,种植不时,则虽良田无所用之。故谚云买田买佃,此地利不如人和也。三者之中,论其重,则莫重于人和,而地利次之,天时又次之;论其要,则莫要于天时,而地利次之,人和又次之。故雨旸时若,则下地之所获,与上地之获等。土性肥美,则下农之所获,与上农之所获等,劳逸顿殊故也。然使既得天时,既得地利,而又能济之以人和,则所获更与他人不同,所以必贵于人和也。"[2]

(二)阴阳理论

阴阳的原始含义是:天有云为阴,天晴为阳;日落为阴,日出为阳。在农业生产中,阴阳指的是阴坡和阳坡。在农业生产活动中,人们逐渐认识到农作物生长的各个环节都受到天气等客观因素影响。他们将农业生产中这些具体有形的客观因素上升为一种理论,即阴阳理论。

---

[1]　宋湛庆.《农说》的整理与研究[M].南京:东南大学出版社,1990:7.
[2]　陆世仪.陆桴亭思辨录辑要:二[M].北京:中华书局,1985:109.

据《诗经》记载，周人公刘在规划土地时很重视"相其阴阳，观其流泉"①。这里的阴阳，指的是土地的向阳与背阴两种情况。《考工记》也包含着丰富的阴阳理论。例如，在伐取车轮木材时，"凡斩毂之道，必矩其阴阳。阳也者，稹理而坚；阴也者，疏理而柔。是故以火养其阴，而齐诸其阳，则毂虽敝不藃"②。这是说，虽然木材在硬度等方面存在阴与阳的对立，但可以通过火烤的方式由对立转为平衡。在谈到制造箭矢时，该书提出："水之，以辨其阴阳。夹其阴阳，以设其比；夹其比，以设其羽；参分其羽，以设其刃。则虽有疾风，亦弗之能惮矣。"③这是通过木材阴阳的不同来辨别箭杆的轻重。《吕氏春秋》指出："故亩欲广以平，甽欲小以深，下得阴，上得阳，然后咸生。"④这教育人们在进行农业生产时，只有"下得阴""上得阳"，得到充分的水分和阳光，农作物才能长得好。

宋代农学家陈旉还将天、地、人相统一的思想和阴阳理论结合起来，提出："然则顺天地时利之宜，识阴阳消长之理，则百谷之成，斯可必矣。古先哲王所以班朔明时者，非直大一统也，将使斯民知谨时令，乐事赴功也。"⑤这是教育人们把顺天地时利之宜和阴阳消长之理结合起来，要懂得天地时利并不是固定不变的，也存在阴阳消长的变化，因此要根据土壤、气候等具体情况来开展农业生产活动。元代农学家王祯指出："天气有阴阳寒燠之异，地势有高下燥湿之别。"⑥这是教育人们在进行农业生产时必须注意"阴阳""寒燠""高下""燥湿"等矛盾关系。

明代马一龙的《农说》继承了传统农业思想中的阴阳理论，认为阴阳之间的相互作用和转化是农业活动中各个环节的源泉和动力。马一龙将阴阳思想作为《农说》立论的基础。在《农说》中，他教育人们不仅要用阴阳的理论去分析影响农业生产的各个因素，还要以阴阳矛盾运动的观点去分析，发挥人在劳动生产中的主体作用，通过劳动者有意识地调节，达到阴阳之间的平衡，以促进农业生

① 袁愈荌，唐莫尧. 诗经全译 [M]. 贵阳：贵州人民出版社，1991：390.
② 闻人军. 考工记导读 [M]. 成都：巴蜀书社，1988：220.
③ 闻人军. 考工记导读 [M]. 成都：巴蜀书社，1988：248.
④ 高诱. 吕氏春秋卷第二十六：士容论第六：任地 [M] // 诸子集成：第六册. 上海：上海书店，1986：335-336.
⑤ 缪启愉. 陈旉农书选读 [M]. 北京：农业出版社，1981：6.
⑥ 王祯. 农书译注：上 [M]. 济南：齐鲁书社，2009：41.

产的发展。清代杨双山的《知本提纲》也蕴含着阴阳理论。在杨双山看来,阴阳调节既有自然的影响,也有人的作用,在农业生产中要强调人的作用,通过运用耕作、灌溉等农业技术来调节农业生产中的矛盾,以此推动农业生产的发展。

(三)五行学说

在我国传统哲学思想中,阴阳理论往往是和五行学说连在一起的。所谓五行,指的是金、木、水、火、土五种元素。它们之间是"相生"和"相克"的关系。所谓"相生",是"木生火、火生土、土生金、金生水、水生木"。这具体到农业生产中就可以这样理解:植物燃烧是"木生火",烧荒后土壤变肥沃是"火生土",从土地中掘出金属矿是"土生金",以金属物凿开岩石以取得泉水和井水是"金生水",水滋润土壤,植物方能生长是"水生木"。所谓"相克",就是"木克土、土克水、水克火、火克金、金克木"。这反映的是殷商到西周初期的农耕社会生产情景。以耒耜松土是"木克土",因为耒耜都是木制的。以土筑成堤堰就是"土克水",以水扑灭山火是"水克火",以火炼制金属工具斧钺是"火克金",以青铜斧伐木制工具进行生产是"金克木"。①

在中国古人看来,五行和生产生活是有联系的。《尚书·洪范》有云:"五行,一曰水,二曰火,三曰木,四曰金,五曰土。水曰润下,火曰炎上,木曰曲直,金曰从革,土爰稼穑。"②《尚书·大传》解释说:"水火者,百姓之所饮食也;金木者,百姓之所兴作也;土者,万物所资生也。是为人用。五行即五材也。"③《国语·郑语》有云:"先王以土与金木水火杂,以成万物。"④由这些论述我们可以看出,五行理论是中国传统农业劳动技术教育的理论基础之一。"土"指的是土地、土壤,是农业生产的基础,在五行中处于中心地位;"金""木"指的是各种农业生产的工具;"水""火"指的是阳光和温度,是作物生长的必需条件。这一理论告诉人们,在农业生产中,可以将五行结合起来,合理开展相关活动。中国古代的手工业著作《考工记》也谈到五行理论。该书认为五材(即"五行")相和以生物,但它讲的五材不是金、木、水、火、土。据《考工记》记载,百工的职能之一是"以饬五

---

① 中国农业科学院南京农业大学中国农业遗产研究室. 中国古代农业科学技术史简编[M]. 南京:江苏科学技术出版社,1985:290-291.

② 江灏,钱宗武. 金古文尚书全译[M]. 贵阳:贵州人民出版社,1992:235.

③ 廖明春,陈明. 十三经注疏·尚书正义[M]. 北京:北京大学出版社,2000:301-302.

④ 左丘明. 国语[M]. 济南:齐鲁书社,2005:253.

材"[1]。据汉儒郑玄的解释,其中的"五材"指的是木、金、皮、玉、土。这是教育人们要了解各种材料的性质,正确鉴别材料的优良,掌握各种材料有益于使用的性能,以制作器具和进行生产。

二、中国传统农业劳动技术教育

自古以来农业就是我国重要的生产活动。特别是在中国古代,社会的发展离不开农业这个支柱。就中国传统农业来说,其发展离不开农业技术教育。中国传统农业技术教育是在漫长的农业生产实践中形成的,主要包括农业工具教育、土地利用教育、作物栽培教育、动物饲养教育、园艺知识教育、农时教育,等等。

（一）农业工具教育

农业工具(图 3.4)是农业生产发展的重要因素。农业工具的制作、使用有利于提高农业劳动生产率。中国传统农业工具教育主要包括平整工具、播种工具、收获工具、提水工具等方面的教育。

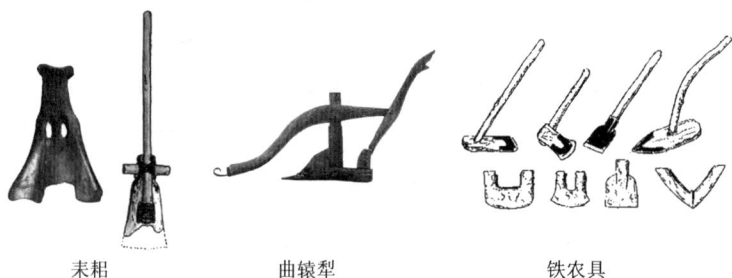

耒耜　　　　　　　曲辕犁　　　　　　　铁农具

图 3.4　部分农业工具

平整工具教育。平整工具是在平整土地过程中所使用的各种农具。春秋时期,我国开始使用铁制农具。据《国语·齐语》记载:"美金以铸剑戟,试诸狗马;恶金以铸锄、夷、斤、斸,试诸壤土。"[2]汉朝时期,铁制农具得到广泛使用,铁犁等平整工具被大量制造。《盐铁论·水旱》指出:"农,天下之大业也。铁器,民之大

---

① 闻人军. 考工记导读 [M]. 成都:巴蜀书社,1988:215.
② 左丘明. 国语 [M]. 济南:齐鲁书社,2005:117.

用也。器用便利，则用力少而得作多，农夫乐事劝功。"① 秦汉之后，在农业生产中，新的平整工具——耙和耱出现了。耱是无齿的，能够将土地磨平；耙是有齿的，既能够磨平土地又能够碎土，还可用来去除杂草。这些平整工具熟化了土壤，有助于保持土壤水分，对于缓解黄河中下游地区的春旱威胁起到了一定作用。贾思勰非常重视农业工具的运用，他提出："欲善其事，先利其器。悦以使人，人忘其劳。且须调习器械，务令快利；秣饲牛畜，事须肥健。"② 这是告诉人们，好的农具不仅能够提高耕作效率，而且能够使人们在劳动中获得快乐。唐代学者陆龟蒙编写的《耒耜经》，是我国现存的唯一一本关于农具的专著。该书作为古代农业工具教育的教材之一，详细介绍了曲辕犁的部件、制作方法和主要功能，对曲辕犁的推广和流传起到了重要作用。元代的《王祯农书》介绍了犁、耙、耢、挞、砘车、碌碡等多种平整工具。该书特别强调了耙、耢等工具的重要性，指出："凡治田之法，犁耕既毕，则有耙劳。耙有渠疏之义，劳有盖磨之功。"③ 又说："凡已耕耙欲受种之地，非劳不可。"④

播种工具教育。到汉代时期，各种农具已经比较齐全，其中包括整地、摇种、中耕、灌溉、收获、脱粒到加工等生产环节的工具，还开始有了播种工具——耧。东汉崔寔在《政论》一书中对其使用方法进行了专门介绍。北魏时，贾思勰在《齐民要术》中曾加以引述，原文是："武帝以赵过为搜粟都尉，教民耕殖。其法三犁共一牛，一人将之，下种，挽耧，皆取备焉，日种一顷，至今三辅犹赖其力。"⑤ 耧作为代替人工进行撒种的工具，前由牲畜拉，后由人扶，不仅能一次完成开沟、下种、盖土的操作，而且一次可以播种三四行，大大提高了播种的效率和质量。元代的《王祯农书》记载了耧车和瓠种两种播种工具，还详细介绍了它们的具体使用方法。

收获工具教育。春秋时期，人们在铁犁牛耕的基础上，创造了一整套农业生产工具。《管子·轻重乙》中记载："一农之事必有一耜、一铫、一镰、一耨、一椎、一铚，然后为农；一车必有一斤、一锯、一釭、一钻、一凿、一铢、一轲，然后成为车。

---

① 桓宽．盐铁论：水旱第三十六 [M] // 诸子集成：第八册．上海：上海书店，1986：39.
② 贾思勰．齐民要术 [M]．北京：团结出版社，1996：1.
③ 王祯．农书译注：上 [M]．济南：齐鲁书社，2009：48.
④ 王祯．农书译注：下 [M]．济南：齐鲁书社，2009：436.
⑤ 贾思勰．齐民要术 [M]．北京：团结出版社，1996：4.

一女必有一刀、一锥、一箴、一铢,然后成为女。"① 其中,最常见的收获工具是镰刀。收割之后要进行脱粒和清谷。脱粒环节使用的工具是连枷和簸箕,连枷是击打谷物脱粒用的工具,簸箕是用来扬米去糠的工具。脱粒之后要进行清谷。后来人们发明了脱粒机,这是能够将农作物籽粒与茎秆分离的工具。元代的《王祯农书》不仅介绍了粟鉴、铚、艾、镰、推镰、钹、锲等多种收获工具,还提出要改良工具以提高收获速度,指出:"今北方收麦,多用钐杉刃麦绰,钐麦覆于腰后笼内。笼满则载而积于场,一日可收十余亩,较之南方以镰刈者,其速十倍。"②

灌溉工具教育。战国时期,人们利用杠杆原理发明了提水工具——桔槔。它通过尾端悬挂重物,利用杠杆原理一起一落,就能将水提拉至所需的地方。对于桔槔,《庄子》一书曾假借孔子弟子子贡之口做了介绍:"凿木为机,后重前轻,挈水若抽,数如泆汤,其名为槔。"③ 汉代的科学家还发明了翻车(龙骨水车)、渴乌(虹吸管)、水排等提水工具,进一步促进了农业劳动生产率的提高。对龙骨水车或翻车,据《后汉书》记载,这是宦官毕岚的发明之一,毕岚"作翻车渴乌,施于桥西,用洒南北郊路,以省百姓撒道之费"④。隋唐时期,辘轳、翻车等工具得到了广泛的应用,还出现了更为先进的灌溉工具水车和筒车。唐代时期发明的水力驱动的筒筒车,是一种以水流作动力进行取水灌田的工具。唐代文人陈廷章在《水轮赋》中这样描述道:"水能利物,轮乃曲成。升降满农夫之用,低徊随匠氏之程。始崩腾以电散,俄宛转以风生。虽破浪于川湄,善行无迹;既斡流于波面,终夜有声。"⑤ 元代农学家王祯也十分重视水利,他在《王祯农书》中介绍了许多灌溉工具,包括翻车、筒车、牛转翻车、水转翻车、卫转筒车、高转筒车、水转高斗、桔槔、辘轳等。这些工具适用于不同的动力和灌溉条件,对促进农业生产的发展具有重要的推动作用。

---

① 戴望.管子校正卷二十四:轻重乙第八十一 [M] // 诸子集成:第五册.上海:上海书店,1986:404.

② 王祯.农书译注:上 [M].济南:齐鲁书社,2009:95.

③ 王先谦.庄子集解卷三:天地第十二 [M] // 诸子集成:第三册.上海:上海书店,1986:74-75.

④ 范晔.卷七十八:宦者列传第六十八 [M] // 后汉书:第九册.北京:中华书局,1965:2537.

⑤ 周绍良.全唐文新编:第 18 册 [M].长春:吉林文史出版社,1999:12904.

（二）土地利用的教育

土地利用问题是农业生产中的一个重要问题。土地如果连续种植，土壤中的养分就会越来越少，变得比较贫瘠。这就需要对土壤进行适当的耕作和改良。土壤的耕作与改良与农田水利是紧密结合在一起的。关于土地利用的教育也是中国传统农业劳动技术教育的重要内容。

土壤的耕作与改良教育。春秋战国时期，一些思想家就提出要对土地进行深耕、多耕。《庄子·则阳》有云："深其耕而熟耰之，其禾繁以滋。"① 《韩非子》也曾指出："耕者且深，耰者熟耘也。"② 《吕氏春秋·任地》总结了土地利用的五个原则："凡耕之大方：力者欲柔，柔者欲力；息者欲劳，劳者欲息；棘者欲肥，肥者欲棘；急者欲缓，缓者欲急；湿者欲燥，燥者欲湿。"③ 这是要求根据土壤的状况，通过耕作改善土壤的结构与水肥条件。王充在《论衡》中指出："夫肥沃墝埆，土地之本性也。肥而沃者性美，树稼丰茂。墝而埆者性恶，深耕细锄，其树稼与彼肥沃者相似类也。"④ 这是说，通过深耕细锄的方式可以促进土地利用。西汉的农学家赵过和氾胜之还分别创造了代田法和区田法以促进土地利用。代田法是在田里开沟作垄，到第二年沟垄移位以垄为沟，达到"用力少而得谷多"的效果。区田法是将田划分为带状宽条田或方形小区，在区内集中施肥、深耕细作，实现单位面积高产。《氾胜之书》还强调耕地要有次序和技巧，指出"春地气通，可耕坚硬强地黑垆土"，又说"杏始华荣，辄耕轻土弱土"。⑤ 这是教育人们要根据土地性质的不同分时耕种。该书还指出："辄平摩其块以生草，草生复耕之，天有小雨复耕和之，勿令有块以待时。"⑥ 这是对耕与摩相结合的耕种技巧的介绍。在《齐民要术》书前的《杂说》一文中，贾思勰主张耕作要精耕细作和因地制宜。他提出："凡人家营田，须量己力，宁可少好，不可多恶。"这是在教育人们

① 王先谦. 庄子集解卷七：则阳第二十五 [M] // 诸子集成：第三册. 上海：上海书店，1986：171.

② 王先慎. 韩非子集解卷十一：外储说左上第三十二 [M] // 诸子集成：第五册. 上海：上海书店，1986：204.

③ 高诱. 吕氏春秋卷第二十六：士容论第六：任地 [M] // 诸子集成：第六册. 上海：上海书店，1986：333-334.

④ 王充. 论衡：率性篇 [M] // 诸子集成：第七册. 上海：上海书店，1986：16.

⑤ 万国鼎. 氾胜之书辑释 [M]. 北京：中华书局，1957：23, 25.

⑥ 万国鼎. 氾胜之书辑释 [M]. 北京：中华书局，1957：23.

耕种要根据实际量力而行,宁要少种种好,也不能多种种差,要做到精耕细作。该文还提出:"观其地势,干湿得所……务遣深细,不得趁多。"[1]这句话的意思是说,要根据土地的位置、肥沃程度等因地制宜地进行耕作。宋朝农学家陈旉还提出了"地力常新"的观点。在陈旉看来,土地有肥有瘦,过肥则籽粒不坚实,过瘦则生长不良,他教育人们,无论土壤是肥还是瘦,"治之得宜,皆可成就"[2]。这是主张只要因地制宜,土地就可以保持常用常新。《王祯农书》提出:"农功之兴,其有次第如此,垦耕者,其农夫之第一义欤?"[3]这强调了掌握耕作技术是实现丰收的关键所在。该书还根据南北方土地的实际情况介绍了各自不同的耕种方法。

农田水利教育。春秋战国时期,《管子》曾提出:"夫民之所主,衣与食也;食之所生,水与土也。"[4]在此时期,一些诸侯国修建了一些较大的水利工程。公元前六世纪,楚国在今安徽寿县修建芍陂,引淠水、肥水灌田万顷。秦昭王时期,李冰带领当地人民修建都江堰,灌田万顷。公元前八世纪,秦国水工郑国主持引泾水灌溉工程,据《史记·河渠书》记载:"渠就,用注填阏之水,溉泽卤之地四万余顷,收皆亩一钟。"[5]汉朝时期,农田水利建设达到一时的高潮,政府通过灌溉工程设施控制水源为农业灌溉之用,当时修建了漕渠、龙首渠、六捕渠、白渠等水利工程,造福农田数万顷。例如,水工徐伯主持修建了用于运送粮食的漕渠,从长安终南山北面的昆明湖向东和黄河相连,总长度为三百多里。到唐朝时期,农田水利建设又达到新的高潮。据史料记载,唐朝时期政府修建灌溉工程一千零八十八起,防洪排涝工程四十起,河道运输工程二十七起,城市用水工程十四起,水产养殖工程三起。这些工程主要是由地方官员组织建设的,《唐六典》规定:"水部郎中、员外郎掌天下川渎、陂池之政令,以导达沟洫,堰决河渠。凡舟楫、溉灌之利,咸总而举之。"[6]元代的《王祯农书》特别强调兴修水利工程对水

---

① 贾思勰. 齐民要术·杂说 [M]. 北京:团结出版社,1996:1.

② 缪启愉. 陈旉农书选读 [M]. 北京:农业出版社,1981:10.

③ 王祯. 农书译注:上 [M]. 济南:齐鲁书社,2009:34.

④ 戴望. 管子校正卷十七:禁藏第五十三 [M] // 诸子集成:第五册. 上海:上海书店,1986:292.

⑤ 司马迁. 卷二十九:河渠书第七 [M] // 史记:第四册. 北京:中华书局,1982:1408.

⑥ 李林甫,等. 唐六典 [M]. 北京:中华书局,2014:225.

田的重要性,还引用西晋思想家傅玄的话加以说明:"陆田者,命悬于天,人力虽修,水旱不时,则一年功弃矣。水田,制之由人,人力修则地利可尽。天时不如地利,地利不如人事。"①此外,该书还载有兴修水利的设计、构思和修建方法,对农田水利知识进行了系统的介绍。明代徐光启在《农政全书》中也讲了水利的重要性,认为:"承平久,生聚多,人多而又不能多生谷也。其不能多生谷者,土力不尽也。土力不尽者,水利不修也。"②他特别强调在西北兴修水利的重要性,指出:"当今经国讦谟,其大且急,孰有过于西北水利者乎?"③这指出了在西北兴修水利对稳定政治、发展经济和戍边御敌的重要意义。

(三)作物栽培的教育

作物栽培是一门综合技术,其中除了土地利用,还包括选种技术、引种技术、施肥技术等。作物栽培的教育包括以下几个方面。

选种技术教育。中国古代农民在发展农业的过程中,培育出了许多农作物品种。在此方面,传统的经验是年年选种,以保证其优良特性,防止退化和灾害。《诗经·大雅·生民》谈到后稷指导民众种庄稼时,指出后稷曾强调要重视作物种子的问题,原文是:"诞降嘉种,维秬维秠,维穈维芑。恒之秬秠,是获是亩;恒之穈芑,是任是负:以归肇祀。"④它的意思是说,后稷挑选了秬子、秠子、穈子和芑子四个优良品种,并教给人们进行播种,最后作物的收成以亩来计算。《氾胜之书》介绍了麦子和谷子的选种技术,提出:"取麦种:候熟可获,择穗大强者……取禾种:择高大者。"⑤该书告诉人们,粮食作物要年年选大穗做种子,这样就能达到"苗则不败""则收常倍"的效果。贾思勰在《齐民要术》中提出,要有专门的种子田,这样能够培育出好的品种,提高作物的质量和产量。该书还提出可以通过选种选出能抵御虫害的品种,列了"朱谷、高居黄、刘猪獬、道愍黄、聒谷黄"等十四个具有早熟、耐旱、免虫等特点的品种,另外还列出"今堕车、下马看、百群羊、悬蛇赤尾、庞虎黄、雀民溨、马洩缰、刘猪赤"等二十四种具

① 王祯. 农书译注:上 [M]. 济南:齐鲁书社,2009:79.
② 徐光启. 农政全书:上 [M]. 长沙:岳麓书社,2002:254.
③ 徐光启. 农政全书:上 [M]. 长沙:岳麓书社,2002:178.
④ 袁愈荌,唐莫尧. 诗经全译 [M]. 贵阳:贵州人民出版社,1991:379.
⑤ 万国鼎,辑释. 氾胜之书辑释 [M]. 北京:中华书局,1957:40.

有耐风、免雀暴等特点的品种。① 清代农学家杨双山强调选育良种的重要性,认为这对作物的生长和收获具有决定性的作用,并对良种选育的方法进行了详细介绍。

引种技术教育。春秋时期,齐国政治家晏婴在出使楚国的时候引述过这样的话:"橘生淮南,则为橘;生于淮北,则为枳。叶徒相似,其实味不同。所以然者何?水土异也。"② 这说的是环境对于作物生长的重要影响。《王祯农书》也曾指出:"风行地上,各有方位,土性所宜,因随气化,所以远近彼此之间,风土各有别也。"③ 这都是强调引种时要注意风土差异的问题。但是,环境的影响也不是绝对的。元代的《农桑辑要》对引种中的"唯风土论"就进行了批判,指出:"造物发生之理,无乎不在。苎麻本南方之物,木棉亦西域所产,近岁以来,苎麻艺于河南,木棉种于陕右,滋茂繁盛,与本土无异。二方之民,深荷其利。遂即已试之效,令所在种之。悠悠之论,率以风土不宜为解。"④ 该书还以历史上引入中国的外国作物如胡桃、西瓜、甘蔗等加以说明,认为远距离的引种是可以实现的,引种地的作物有时比原产地的生长得更好。宋代时,棉花和苎麻进入中原,其中以棉花的发展为最快。明初,玉米和甘薯传入中国,到明末清初,玉米已广泛种植。明代科学家徐光启亲自进行番薯、芜菁的引种工作,他还引用马一龙的话:"故知时为上,知土次之。知其所宜,用其不可弃。知其所宜,避其不可为,力足以胜天矣。"⑤ 此时传入中国的作物还有烟草、花生、辣椒、番茄、马铃薯等。

施肥技术。为了维持土壤中作物需要的养分,保障地力,施肥就成为必要的办法。战国时,《韩非子》明确提出"积力于田畴,必且粪灌"⑥,强调了施肥的重要性。汉代氾胜之提出"和土、务粪泽"⑦,还主张将豆萁、蚕屎、人畜粪便当

---

① 贾思勰. 齐民要术 [M]. 北京:团结出版社,1996:14.
② 张纯一. 晏子春秋校注卷六:内篇杂下第六 [M] // 诸子集成:第四册. 上海:上海书店,1986:159.
③ 王祯. 农书译注:上 [M]. 济南:齐鲁书社,2009:16.
④ 马宗申. 农桑辑要译注 [M]. 上海:上海古籍出版社,2008:92-93.
⑤ 徐光启. 农政全书:上 [M]. 长沙:岳麓书社,2002:30.
⑥ 王先慎. 韩非子集解卷六:解老第二十 [M] // 诸子集成:第五册. 上海:上海书店,1986:105.
⑦ 万国鼎. 氾胜之书辑释 [M]. 北京:中华书局,1957:21.

作肥料。《氾胜之书》还介绍了溲种法，即在种植时将蚕屎和谷种拌在一起，这样既可以减少虫害，又能增加土壤肥力，"如此则以区种，大旱浇之，其收至亩百石以上"[①]。王充在《论衡·率性》里提出："深耕细锄，厚加粪壤，勉致人功，以助地力"[②]，强调了通过施肥提高土地肥力的重要性。魏晋时期，农作物中开始出现绿肥作物，其中包括绿豆、小豆、胡麻等。人们将这些绿肥作物加入轮作制中，将作物与绿肥作物轮作，例如，利用夏闲土地种植短期绿肥作物，之后在种植过绿肥作物的地上种春谷，作物的产量会明显提高。贾思勰在《齐民要术》中记载了通过栽培绿肥作物增加肥力的方法，将谷、瓜、葵、葱等作物与绿肥作物轮作，以此来进行施肥技术教育，提出："凡美田之法，绿豆为上，小豆、胡麻次之。悉皆五、六月中穊种，七月、八月犁掩杀之，为春谷田，则亩收十石，其美与蚕矢、熟粪同。"[③]宋代时，施肥的理论和技术都得到发展（图3.5），农学家陈旉提出了"用粪犹用药"的观点，认为："若能时加新沃之土壤，以粪治之，则益精熟肥美，其力当常新壮矣，抑何敝何衰之有。"[④]这里提出施肥要因地制宜，根据土地条件的不同使用不同的肥料，这样通过正确的施肥就可以使贫瘠的土地变得肥沃。宋代时还出现了一套堆制腐熟的技术，南宋的京师杭州有专门将粪类、垃圾运往农村作肥料的船，还有专门经营粪业者。元代的《王祯农书》继承了以往"地力常新"的观点，提出："田有良薄，土有肥硗，耕农之事，粪壤为急。粪壤者，所以变薄田为良田，化硗土为肥土也。……所有之田，岁岁种之，土敝气衰，生物不遂。为农者，必储粪朽以粪之，则地力常新壮而收获不减。"[⑤]该书还对肥料的种类、搜集方法和使用方法都进行了详细介绍。清代的杨双山指出，在对作物施肥时要做到"三宜"，即时宜、土宜和物宜，教育人们要根据时期的差异、土壤的差异和作物的差异采用不同的肥料，只有这样才能推动农作物质量的不断提高和产量的不断增加。

---

① 万国鼎. 氾胜之书辑释 [M]. 北京：中华书局，1957：49.

② 王充. 论衡：率性篇 [M] // 诸子集成：第七册. 上海：上海书店，1986：16.

③ 贾思勰. 齐民要术 [M]. 北京：团结出版社，1996：2.

④ 缪启愉. 陈旉农书选读 [M]. 北京：农业出版社，1981：10.

⑤ 王祯. 农书译注：上 [M]. 济南：齐鲁书社，2009：71.

图 3.5　宋代时的施肥图

（四）动物饲养的教育

植物栽培和动物饲养是传统农业的两大类。就饲养的动物来说，它分为不同的类型：有的以食用为目的，如猪、羊、鸡、鸭、水产动物等；有的以役用为目的，如牛、马、驴等；有的以猎用为目的，如狗、猫、鹰等；有的以取得纤维为目的，如蚕。动物饲养的教育主要包括畜牧知识教育、桑蚕知识教育、兽医知识教育等方面。

畜牧知识教育。大致说来，畜牧知识教育包括"相畜"知识的教育及家畜的选种、饲养、训练等。春秋战国时期就有专门"相畜"的专家，他们根据相关知识对家畜的好坏做出评价，以便进行选种、饲养和训练。《周礼》一书就记载了畜牧教育方面的知识。该书认为，家畜有一定的生长周期，需要在一定的季节中发情、交配、受孕，其中规定"季春"给牛配种，"仲夏"将公畜、母畜分开喂养，以保护怀孕的母畜。《周礼》还记载了去势[①]的技术，涉及牛、马、猪、羊、狗等家畜，其中讲的"颁马攻特"指的就是对公马去势。贾思勰在《齐民要术》中不仅概括了汉族以往的畜牧业方面的知识，还记录了北方其他民族的相关技术，使得该书关于畜牧业的知识更全面了。在选种技术方面，该书一方面讲述了畜禽的良种选育技术，同时还介绍了役用牲畜的鉴定方法。在饲养管理技术方面，该书提出了饲养家畜和家禽的基本原则："服牛乘马，量其力能；寒温饮饲，适其天性；如不肥充繁息者，未之有也。"[②]同时还详细介绍了马、羊、猪、鸡、鸭、鹅等的饲养方法。唐朝时期政府制定了马籍制度，以马印作为标志，把良马和驽马、

---

① 去势是古代的中国人为使家畜绝育而实施的"外科手术"，一般是通过人为的手段摘除或破坏家畜的生殖腺及其附属器官。

② 贾思勰. 齐民要术 [M]. 北京：团结出版社，1996：204.

弱马和强马分开,以便存优去劣。在家畜繁育方面,当时唐政府从大宛、康居、波斯引进了大量良马品种,用作马种的改良和繁殖。明朝时期,徐光启很重视畜牧业发展,他提出:"议于数口之家,必畜鸡豚牛羊之利。开荒而外,每种蔬果花麻各一畦。……保甲长一一籍记,乡约汇送州县稽查。行之不十年,而江淮皆乐土也。"[①] 在《农政全书》中,他详细论述了牛、羊、猪、马、驴等的挑选、饲养与治疗疾病的方法,为人们学习畜牧知识提供了借鉴。

桑蚕知识教育。桑蚕知识教育主要包括桑树的育苗、嫁接修剪、蚕的饲养及蚕病防治等。我国栽桑养蚕的历史悠久,在春秋战国时期就积累了一定的养蚕经验。《管子·牧民》中讲:"积于不涸之仓者,务五谷也。藏于不竭之府者,养桑麻育六畜也。……务五谷,则食足。养桑麻育六畜,则民富。"[②]《礼记·祭义》中有多处关于养蚕的祭祀活动的记载,如:"古者天子诸侯必有公桑蚕室,近川而为之,筑宫仞有三尺,棘墙而外闭之。及大昕之朝,君皮弁素积,卜三宫之夫人、世妇之吉者,使入蚕于蚕室,奉种浴于川,桑于公桑,风戾以食之。岁既单矣,世妇卒蚕,奉茧以示于君,遂献茧于夫人。夫人曰:'此所以为君服与!'遂副袆而受之,因少牢以礼之。……服既成,君服以祀先王先公,敬之至也。"[③] 这是把关于植桑养蚕的知识教育与民俗礼仪结合起来,是一种普及先进劳动经验的教育活动。西汉时期的《氾胜之书》专门介绍了桑麻栽培的方法。该书详细论述了从整地、播种到收获整个过程的技术,对当时桑蚕知识的推广起到了重要作用。宋朝时期,桑蚕在整个农业中的地位得到明显提高。《陈旉农书》的下卷专门介绍桑蚕知识,指出:"种桑育蚕,莫不有法。不知其法,未有能得者;纵或得之,亦幸而已矣。盖法可以为常,而幸不可以为常也。今一或幸焉,则曰是无法也;或未尽善而失之,则亦曰法不足恃也。"[④] 这是在教育人们要熟练掌握桑蚕知识。该书系统介绍了植桑技术和育蚕技术,为之后桑蚕知识教育起到重要的指导作用。元朝时期的《农桑辑要》是由政府组织编写的推广性的农书,其中将桑农并列,足见当时对蚕桑业的重视。该著作关于桑树种植的技术教育、养蚕的技术教育、缫丝的技术教育等内容介绍得详细具体,是一部教育指导蚕桑生

---

① 徐光启. 农政全书:上 [M]. 长沙:岳麓书社,2002:113.
② 戴望. 管子校正卷一·牧民第一 [M] //诸子集成:第五册. 上海:上海书店,1986:2.
③ 吕友仁,吕咏梅. 礼记全译·孝经全译:下 [M]. 贵阳:贵州人民出版社,1998:847.
④ 缪启愉. 陈旉农书选读 [M]. 北京:农业出版社,1981:30.

产的实用著作。明朝的徐光启在《农政全书》中用四卷的篇幅对养蚕、栽桑、纺织等知识进行了系统论述。他还在该书的"凡例"中指出:"夫一女不织,必有受其寒者。树墙下以桑,周制也。民田五亩,栽桑半亩,高皇帝令甲也。今栽桑最盛者惟称湖、阆,欲以供天下之织,安得不空杼轴乎?蚕事载图者,欲广其事,且使内子命妇之属,皆知勤于其业也。"①他强调了扩大栽桑养蚕对社会的重要意义,教育人们要熟练掌握桑蚕相关知识。清朝的杨双山多次强调桑蚕的重要性,他通过亲自试验和示范,证实了在关中地区种桑养蚕的可能性。他还将种桑养蚕的技术和方法无私地传授给人们。在《知本提纲》一书中,杨双山对种植桑树、修剪桑树、蚕的饲养、北方适宜的蚕类等内容做了详细论述。

兽医知识教育。兽医知识教育包括家畜疾病的预防、诊断和治疗知识等内容。贾思勰的《齐民要术》是我国农书中最早介绍兽医知识的。该书记载了四十八个古代兽医药方,其中专医马的三十个、专医牛的十个、兼医牛马的一个、医驴的一个、医羊的七个,涉及了外科疾病、传染病、寄生虫病等多种疾病,为当时兽医知识的教育和传播起到了重要作用。汉代的《汉兽医方木简》记载了当时的兽药配制方法。唐代时期,兽医知识教育又有了很大发展,政府创办了专门的兽医学校,在太仆寺设兽医博士四人,中央和监苑牧场、尚乘局都有专职兽医,民间的兽医更多。唐代李石编的《司牧安骥集》是我国现存最古老的一部兽医学专著,奠定了中国古典兽医学的基础。该书的《马师皇五脏论》《王良先师五脏论》《胡先生清虫五脏论》《碎全五脏论》深刻论述了脏腑学说,研究了家畜的生理、病理。其中的《马师皇八邪说》是记载病因、病机、病程的最早兽医文献。该书还对各种家禽疾病的症候教育和疗法教育进行了介绍,对兽医知识的普及和推广起到了重要作用。喻本元、喻本亨兄弟撰写的《元亨疗马集》是研究马病的重要著作。清朝时期,牛病学得到了快速发展,出现了《养耕集》《牛医金鉴》《抱犊集》等著作。

(五)园艺知识的教育

战国时期,园艺业已基本脱离大田农业独立出来。就园艺知识方面的教育来说,它主要包括果树种植教育和蔬菜栽培教育两个方面。

果树种植教育。果树种植教育涉及的知识较多,包括果树的繁殖、管理、施

---

① 徐光启. 农政全书:上. 长沙:岳麓书社,2002:16-17.

肥以及果品的保鲜贮藏技术等。汉代的崔寔认为,农业应当包括果树种植方面的内容。在《四民月令》中,他介绍了枣树、桃树、漆树等八种果树,还按照月份对树木的移栽、繁殖、修剪、采伐和果实加工等内容进行详细介绍。贾思勰在《齐民要术》中比较全面地介绍了果树栽培技术,包括果树的繁殖方法、嫁接方法、管理方法、加工贮藏方法等。就果树的繁殖方法来说,该书介绍了处理实生苗种子和压条分根的技术要点;就果树的嫁接方法来说,已由近缘嫁接发展到远缘嫁接,使果树具有早结果和品质良的优点,是世界上最早也是最系统的果树嫁接方法;在果树的管理方法方面,该书介绍了疏花的方法、"嫁树法"、整枝复壮方法和果树越冬方法。其中有些技术方法至今仍在一些果产地区流传和运用。王祯的《百谷谱》介绍了桃、梨、柑橘、枣、龙眼、柿、荔枝等二十三种果树的种植方法,较为详细地论述了果树种植各主要环节的关键技术。明朝时期的徐光启提出:"有隙地者,仍杂种梨枣桑柳等木。"[1] 他认为,勤于种树有特别的益处,一个家庭如果成员较多,那就不仅需要饲养鸡、猪、牛等家禽和家畜,还需要种植果树,不然难以满足家庭所需。在《农政全书》中,徐光启介绍了三十多种树木的种植和管理技术,其中包括桃树、梨树、枣树等果树。

蔬菜栽培教育。蔬菜栽培教育包括蔬菜的播种、育苗移栽技术以及施肥灌溉技术等。汉代的崔寔认为,蔬菜栽培是农业生产的重要组成部分。在《四民月令》中,他介绍了大葱、小葱、大蒜、小蒜、姜、瓜、瓠、芥、葵、苜蓿、芜菁等二十种蔬菜,还详细介绍了蔬菜的种植、移栽、收获、保存等内容。与之前的农书相比较,该书涉及的蔬菜种类和数量有了显著增加。贾思勰在《齐民要术》中介绍了二十余种蔬菜,从蔬菜栽培的适宜土壤、播种时间、种植方式、田间管理、收获时间等方面系统介绍了蔬菜的栽培技术,其中的重点是蔬菜田间管理技术。王祯在《百谷谱》中介绍了葵、芹、芸苔、芥子、菌子、葱、萝卜、茄子、姜、莲藕等三十多种蔬菜,向人们传授了蔬菜的栽培、保护、收获、贮藏、利用等技术与方法,是一部关于农作物栽培的重要教科书。徐光启在《农政全书》的"凡例"中提出:"蔬蓏,所以助饔飧、御凶馑也;五果,所以备笾豆、辅时气也。故次百谷。"[2] 他认为,蔬蓏五果具有助食和抵御饥荒的作用,因此将它们置于百谷之后。此

---

① 徐光启. 农政全书:上 [M]. 长沙:岳麓书社,2002:113.

② 徐光启. 农政全书:上 [M]. 长沙:岳麓书社,2002:16.

外，他还在《农政全书》中讲授了葵、蒜、韭、葱、蔓菁、蜀葵、龙葵等三十种蔬菜的种植、收获的技术方法。明末清初的学者张履祥在《补农书》中谈到蔬菜栽培问题，指出："然既治田桑，即不可不兼治圃。……园中菜果瓜蒲，惟其所植。每地一亩，十口之家，四时之蔬，不出户而皆给。"[1] 他主张在从事作物种植和蚕桑生产时，可同时栽培蔬菜，一亩蔬菜可满足十口之家四季的需要。张履祥还提出农业生产的多种经营模式，即在十亩废地上种桑三亩，种豆三亩，种竹、种果各两亩，池塘养鱼，养羊五六只，打草饲养，牛粪壅桑，桑下套种蔬菜，四旁杂以豆、芋之类。这种经营模式可实现蚕、果、粮、菜、鱼、畜之间的良性循环，反映了这一时期农业生产教育的不断深入和发展。

（六）农时的教育

植物的生长受到时间的影响，饲养动物受时间的影响虽然没有植物那样明显，但也要遵循一定的季节性。劳动生产活动遵循农时，将有利于获得好收成。因此，农时教育也是中国传统农业技术教育不可缺少的内容之一。

关于农时的教育，早在先秦时期就已开展。《管子·四时》提出："不知四时，乃失国之基。不知五谷之故，国家乃路。"[2] 这是以国家政令的形式将农业生产和治国相结合，教育人们遵循从事农业生产活动的时节。《轻重己》篇提出："四时生万物。圣人因而理之，道遍矣。"[3] 这是说统治者要教育人们根据春夏秋冬的时令开展农业生产活动。《吕氏春秋·审时》提出："凡农之道，厚之为宝。斩木不时，不折必穗；稼就而不获，必遇天灾。"[4] 该文以禾、黍、麻、菽、麦为例，说明遵循农时就能保证作物的质量和产量。此外，《吕氏春秋》中还记载了十二纪，在每纪中指明物候、政令和农业生产重要活动，指导人们根据节气开展农业劳动。汉代农学家氾胜之提出"凡耕之本，在于趣时"[5]，又说"得时之和，适地之

---

① 张履祥. 杨园先生全集：下. 北京：中华书局，2002：1418.

② 戴望. 管子校正卷十四：四时第四十 [M] // 诸子集成：第五册. 上海：上海书店，1986：238.

③ 戴望. 管子校正卷二十四：轻重己第八十五 [M] // 诸子集成：第五册. 上海：上海书店，1986：417.

④ 高诱. 吕氏春秋卷二十六：士容论第六：审时 [M] // 诸子集成：第六册. 上海：上海书店，1986：337.

⑤ 万国鼎. 氾胜之书辑释 [M]. 北京：中华书局，1957：21.

宜,田虽薄恶,收可亩十石"①。这里所谓的"趣"时就是适时耕作。氾胜之认为,耕作适时适地就能获得丰收,相反则会破坏土壤。贾思勰在《齐民要术》中指出,农民应根据时令和物候开展农业生产活动。该书还介绍了几十种作物播种和收获的适合时间,其中指出:"二月、三月种者为稙禾,四月、五月种者为穉禾。二月上旬及麻菩、杨生种者为上时,三月上旬及清明节、桃始花为中时,四月上旬及枣叶生、桑花落为下时。岁道宜晚者,五月、六月初亦得。"②南宋时期,吕祖谦在《庚子•辛丑日记》中,详细记录了淳熙七年正月初一到八年七月二十八日这段时间里蜡梅、桃、杏、桃、紫荆、李、海棠、梨、蔷薇、萱草、莲、芙蓉、菊等二十多种植物开花和首次听到春禽和虫鸣的时间,是世界上最早的物候观察记录。元朝的《王祯农书》有《授时指掌活法之图》,将农业生产活动与季节、物候绘在一张图上,给人们开展农业生产带来了很大的方便。元朝的鲁明善在《农桑衣食撮要》中对农作物种植收获的节气、物候等知识进行了系统论述,并按照月份对各种作物收种的最佳农时进行了介绍。例如,该书讲了"种红豇豆白豇豆"的时间和周期,即"谷雨前后种,六月收子。更种再生,八月又收子"。③根据农民对于知识的接受程度,《农桑衣食撮要》用通俗易懂的语言介绍了农业生产的知识和技术。此外,民间也有大量关于农时教育的知识,这主要反映在农谚中,比如"白露早,寒露迟,秋分种麦正当时""谷雨前后,点瓜种豆"。东汉崔寔的《农家谚》、唐代的《相雨书》、元代的《田家五行》都收录了许多关于农业气象的谚语。

三、中国传统手工业劳动技术教育

手工业劳动是中国古代生产的重要组成部分。中国传统精良的手工业技术之所以能够传承千百年,历代手工业者的技术教育可以说功不可没。大致说来,中国传统手工业劳动技术教育包括陶瓷技术教育、纺织技术教育和冶金技术教育等。

---

① 万国鼎.氾胜之书辑释[M].北京:中华书局,1957:27.
② 贾思勰.齐民要术[M].北京:团结出版社,1996:15.
③ 王毓瑚.农桑衣食撮要[M].北京:农业出版社,1962:57.

（一）陶瓷技术教育

陶器的发明，是人类文明发展的重要标志。它意味着人类已经由完全依赖自然的赐予发展到创造性生产的阶段。我国早在大约一万年前的新石器时代就有了原始的制陶术，成为最早能够制作陶器的国家之一。陶瓷技术教育分为制陶技术教育和制瓷技术教育两方面。

制陶技术教育。制陶技术及陶器的出现是我国社会发展中一个非常重要的事件。制陶技术包括原料的制备技术，坯体的成型、修整、装饰技术，陶器的烧制等。我国在夏商时期已掌握了制陶技术，这是一项通过化学反应改变材料特性的劳动生产活动。就制陶来说，它包括淘洗、制坯、装饰、烧制四道工序，每道工序都有准确、细致的技术要求，其中还蕴含着各种物理和化学方面的知识，这就需要对手工艺者进行严格的教育。当时的艺徒训练培养是制陶技术教育的重要方式。我国最早的手工业专著《考工记》就记述了甗、盆、甑、鬲和庾五种陶器的容量和主要尺寸，也介绍了制陶工具"脂"的主要尺寸。这是先秦时期关于陶瓷制作的集中记述。汉朝时期是我国制陶技术发展的重要阶段，在此时期，人们在私营作坊中生产了许多用于生活和生产的陶制品，在官方制陶工坊中还生产了大量的用于建筑的陶制品。这些官方和私营的制陶工坊的发展都离不开制陶技术的教育和传承。明代时期，宋应星在《天工开物》中的《陶埏》一章专门讲解砖、瓦及白瓷的烧炼技术，从原料配制、造坯、上釉到入窑都进行了介绍。

制瓷技术教育。汉朝时期，陶瓷技术发展取得了两项重要成就：一是西汉时期发明的低温釉陶；二是东汉时期浙江、江西、湖南、四川等地烧出的水平较高的真瓷。在东汉时期，瓷器制作摆脱了原始瓷器状态，已经可以生产出成熟的青瓷。隋唐时期，制瓷技术在我国南、北方都得到进一步的发展，达到了比较高的水平，形成了"南青北白"的两大瓷窑系统。两宋时期，制瓷技术又有新的发展，其中有五个重要的窑系：汝窑、钧窑、定窑、哥窑、官窑。明代时期，形成了以景德镇为中心的制瓷技术，宋应星《天工开物》中也指出，全国瓷器"合并数郡，不敌江西饶郡产……若夫中华四裔，驰名猎取者，皆饶郡浮梁景德镇之产也"[①]。可以看出，不论是生产质量和规模，还是生产技术和教育水平，景德镇在

---

① 宋应星. 天工开物 [M]. 广州：广东人民出版社，1976：195–196.

全国都占据主导地位。当然,这与其在制瓷技术上所取得的成就是分不开的。具体来说,该地在瓷胎制作上采用了"二元配方"法,提高了烧成温度范围,为当时薄胎瓷器的创造奠定了基础。釉下青花器也开始流行,就是在低温釉基础上发展各种釉上彩,创造了釉下青花和釉上多彩相结合的技术,充分显示了明代制瓷技术的高超水平。清代前期是制瓷技术全面发展的阶段,也出现了许多教授陶瓷技术的著作,如唐英的《陶冶图说》、蓝浦的《景德镇陶录》、朱琰的《陶说》、佚名的《南窑笔记》等。其中,朱琰的《陶说》一书对陶瓷起源、历代名窑、历朝官窑制度、烧造、窑器特点及制作方法等进行了全面介绍,对当时景德镇陶瓷制作的二十道工序做了详细的说明,是我国古代第一部陶瓷技术史专著。图3.6再现了古代的瓷器制作场景。

图 3.6　瓷器制作场景

(二)纺织技术教育

在中国古代手工业技术教育中,育蚕治丝、原始纺织与制衣技术的教育是不可或缺的。我国是育蚕抽丝最早的国家,传说黄帝的妻子嫘祖"始教民育蚕,治丝茧以供衣服"①。可见,中国在上古时期就有育蚕治丝制作衣服一类的教育活动了。这方面的教育主要由妇女承担,她们通常一边生产一边教育孩子纺织技术。

夏商时期,桑蚕业得到了快速发展,我国出现了最早的提花机。西周时期,纺织业作为手工业的重要组成部分,已成为官府财政收入的主要来源。西周的纺织业大多集中在黄河流域,特别是河套地区和关中地区,纺织品中还有多种

① 吴乘权,等. 纲鉴易知录:上 [M]. 北京:中华书局,2009:6.

颜色的提花锦和刺绣。春秋战国时期,纺织工具不断改进,出现了脚踏的斜织机、纺车等,纺织品的产量有了明显提高。秦汉时期,纺织生产规模和生产技术都得到发展,出现了束综提花织机等工具,手摇缫车、手摇纺车、脚踏斜织机等工具都得到了广泛推广和使用。唐代时,手工业生产分工很细,《唐六典》中将纺织业分为布、绢、絁、纱、绫、罗、锦、绮、紬、褐十种。分工的细致对手工业者的技术要求也相应提高。宋朝时期,从事纺织和印染的手工业者人员不断增多,当时的纺织生产基本分为两种:一是民间的纺织作坊;二是中央和地方政府设有的官府作坊。二者在发展上各具特色。在纺织工具方面,脚踏缫车、络车、纺车、立织机、绫机、花罗机、整经工具、浆经工具等得到广泛使用,提高了纺织质量和数量。宋代的秦观编写了我国也是世界上现存最早的养蚕专著《蚕书》。该书的内容有:从定性到定量讲解了蚕体生理变化,还提出精细的饲养方法;改良了缫丝车的设计,提高了缫丝的效率;创造性地提出以多回薄饲为中心的养蚕技术。这些技术知识和方法为农村纺织业的发展提供了指导,是当时进行纺织技术教育的重要教材。之后的相关书籍也大都收录了这部书,使其得到广泛的流传。明朝时期,制丝工具和织机生产更加专业,已经可以生产出缎、绢、罗、纱、改机、绒、绫、丝布、锦等多种丝织品,纺织生产的质量和专业化不断提高。宋应星《天工开物》的《乃服》一章主要介绍了养蚕技术和丝织技术,包括纺织技术、工具、织机构造以及各种纺织品类型。清代时期,纺织产品的质量与种类达到顶峰,俗称"机壳"的织机、泛、渠、纤等纺织工具的设计也更加完善。

(三)冶金技术教育

冶金技术教育,包括采矿、冶炼、铸造、加工与修整等方面的内容。这项技术具有工艺复杂、专业性强、需要多人协作的特点,因此需要对从业者进行专门的教育,使其掌握精确的工艺技术。相比之下,冶金技术教育比其他手工业的教育复杂得多。

我国奴隶社会被称为青铜时代,由此可以看出当时青铜冶炼技术水平之高。商朝时期,青铜制作的操作流程分为采料、配料、冶炼、制模、制范、浇铸、修整等步骤。为了提高劳动生产水平,往往让一些能工巧匠担任师傅,在劳动协作中传授冶炼技艺,开始了师傅带徒弟的技艺传授活动。西周时期,在冶金技术上取得了一项突破,手工业者通过长期的观察和实践,掌握了金属的熔点,并将这一技术通过形象、直观的方式传授给徒弟们。春秋战国时期,各种手工业都有了一定进步,但发展最快的还是冶金技术,取得了三项突破:生铁冶铸技术、铸铁柔化技术、炼钢合金和锻打技术。随着冶炼规模的不断扩大,手工业者的数量也不断增加,出现了干将、钟离等能工巧匠。他们传授给徒弟各类冶金技术,推动了冶炼技术的提高,也促进了当时冶金学的发展。明代宋应星的《天工开物》一书有《五金》《冶铸》《锤锻》三章介绍冶金技术。《五金》介绍了金、银、铜、铁、锡、铅、锌等各种金属矿石的开采、洗选、冶炼、分离技术,这些内容是以往著作中较少进行系统教授的内容。该章还系统论述了直接将生铁炒成熟铁、用大型活塞风箱鼓风等技术,第一次记录了从炉甘石制取锌的技术,介绍了用炉甘石与铜炼制成铜合金的方法,还提出利用物理及化学性质来检验金属的方法。《冶铸》主要介绍铸铁锅、铸钟及铸铜钱的技术,讲述了失蜡铸造、实模铸造及无模铸造三种方法,是我国古代技术书中对铸造技术最详细的介绍。《锤锻》一章系统介绍了锻造铁器和铜器的技术方法,对金属热处理及加工技术也进行了论述。

本章小结

中国传统劳动技术教育思想是中国传统劳动思想的重要内容。它主要包括两方面的内容,一是中国传统劳动技术教育的途径和方法;二是中国传统劳动技术教育。

中国传统劳动技术教育的途径是全方位的,有官方的劳动技术教育,有民间专家的劳动技术教育,还有家庭的劳动技术教育。这三个途径相互结合、相互补充。官方的劳动技术教育是政府通过设立专门机构并委派官员向民众普及劳动技术知识。这是我国古代进行劳动技术教育的主要方式。此方式具有一定的强制性,成效也十分显著。专家的劳动技术教育的主体包括政府官员、知识分子和民间专家,他们以各自的方式对民众开展教育,这种教育方式受教育面较广,一定程度上弥补了官方的劳动技术教育的不足,体现了教育社会性的特点。家庭的劳动技术教育,是中国传统劳动技术教育的又一重要途径,它主要包括家传制和师徒制两种方式。

中国传统劳动技术教育方法主要包括问答法、实验法、图示法、示范模仿法、歌诀和谚语教育以及相关著作传播。这些方法在生产中的广泛运用,促进了劳动技术成果世代相传、不断发展。问答法是传授者和学习者通过问答形式来学习劳动知识和技术的方法,其主要形式是劳动者询问、相关专家或官员回答。实验法强调直接经验的重要性,主张在劳动技术教育中通过实验使劳动者形成正确的认识,获得相应的技能。图示法是通过易懂、易记、直观、易于仿效的图像,传播劳动技术知识。示范模仿法是通过示范劳动技术及其效果,使人们对该种技术方法形成认可,进而向他们传授劳动技术知识的方法。歌诀和谚语教育通过简练生动的语言将劳动生产中的知识和经验进行概括,并通过口头方式世代相传,达到劳动技术教育的目的。相关著作传播可以突破时空的局限,使劳动技术知识得到更广泛的传播。

在中国传统社会,人们在积累生产经验的基础上,将这些经验进行反思、归纳、综合,形成了指导劳动技术的一般原则,主要包括天、地、人相统一的思想,阴阳理论和五行学说。天、地、人相统一的思想将劳动生产看作各种因素相互联系和相互作用的整体,主张在改造环境条件时,充分发挥人的主观能动性,尊重发展的客观规律,以此来促进生产的不断发展;阴阳理论主张在劳动生产实践中,要认识到各个环节都受一定的客观因素影响,并运用阴阳理论去分析和掌握劳动生产,进而达到二者之间的平衡;五行学说往往和阴阳理论连在一起,五行指的是金、木、水、火、土,它们之间是"相生""相克"的关系,这在中国古代的农业和手工业生产中得到了充分运用。

农业自古以来就在中国历史的进程中发挥着重要作用。中国古代劳动人民在长期的农业生产中形成了关于农业工具、土地利用、作物栽培、动物饲养、园艺知识、农时等多方面的知识和技术,也进行了这方面的教育。农具知识教育对提高农业劳动生产率具有重要作用,其中包括平整工具、播种工具、收获工具、提水工具等;土地利用教育是如何对土壤进行适当的耕作和改良的教育,与农田水利教育结合在一起;植物栽培和动物饲养是中国传统农业的两大类,作物栽培教育包括选种技术教育、引种技术教育、施肥技术教育等,动物饲养教育包括畜牧教育、桑蚕知识教育、兽医知识教育等内容;园艺知识教育包括果树种植教育和蔬菜栽培教育;农时教育也是中国传统农业技术教育中必不可少的内容。

手工业劳动是我国古代生产的重要组成部分。手工业劳动技术教育主要包括陶瓷技术教育、纺织技术教育和冶金技术教育。陶器的发明是人类文明发展的重要标志。陶瓷技术教育包括制陶技术的教育和制瓷技术的教育。中国是育蚕抽丝最早的国家,在劳动技术教育中,育蚕治丝、原始纺织与制衣技术教育是手工业劳动技术教育中不可缺少的内容。冶金技术教育主要包括采矿、冶炼、铸造、加工修整等方面的内容。

在新时代的背景下开展劳动技术教育,必须在习近平新时代中国特色社会主义思想指导下,坚持古为今用的原则,对我国传统劳动技术教育思想进行科学的扬弃,充分吸收和借鉴其中的思想精华,进而推动其实现创造性转化和创新性发展。这就需要大力弘扬"执着专注、精益求精、一丝不苟、追求卓越"的工匠精神,促进广大劳动者不断提高自身劳动素养,培养一批批热爱劳动、勤于劳动、善于劳动的高素质劳动者,在社会发展的各行各业贡献自己的力量,努力为全面建设社会主义现代化国家新征程奠定人才基础。

第四章

中国共产党人对中国传统劳动教育思想精华的继承和弘扬

习近平总书记指出:"中国共产党人不是历史虚无主义者,也不是文化虚无主义者。……在带领中国人民进行革命、建设、改革的长期历史实践中,中国共产党人始终是中国优秀传统文化的忠实继承者和弘扬者。"[1]中国共产党人继承和弘扬中华优秀传统文化,是在马克思主义中国化、时代化的过程中进行的,所采取的基本途径就是"两个结合":"第一个结合"是马克思主义基本原理同"中国具体实际"的结合,人们对此早已耳熟能详;"第二个结合"是马克思主义基本原理同中华优秀传统文化的结合,这是习近平总书记在文化传承发展座谈会上提出的。对于中国传统劳动教育思想的精华,中国共产党人就是通过"两个结合",特别是其中的"第二个结合"加以继承和弘扬的。

"'结合'的前提是彼此契合。"[2]马克思主义的劳动教育思想与中国传统劳动教育思想的精华虽然存在着较大差异,但从总体的思想倾向看,的确存在相当的"契合性"。就劳动教育来说,马克思主义的教育与生产劳动相结合原理,与中国传统劳动教育中的耕读结合思想就是相契合的。不论是在硝烟弥漫的革命时代,还是在和平发展的建设和改革时期,中国共产党人始终以马克思主义的教育与生产劳动相结合原理为指导,激活了中国传统劳动教育思想中包括耕读结合在内的优秀因子。他们在领导开展劳动教育的实践中,不断赋予其新的时代内涵,将马克思主义的教育与生产劳动相结合思想的精髓与中国传统劳动教育思想的精华有机结合起来,在继承教育与生产劳动相结合原理的同时又实现了创造性的发展,推进了马克思主义教育基本原理的中国化、时代化,为开展劳动教育提供了根本遵循。

第一节　新民主主义革命时期的教育与生产劳动相结合思想

十月革命的隆隆炮声,给探索救国道路的先进中国人送来了马克思列宁主义。1919年,五四运动爆发。这是一场由中国无产阶级领导的彻底的反帝反封建的民主运动,它使中国革命进入了一个新的发展阶段——新民主主义革命阶

---

① 习近平. 论党的宣传思想工作 [M]. 北京:中央文献出版社,2020:83.
② 习近平. 在文化传承发展座谈会上的讲话 [J]. 求是,2023(17):4-11.

段。从五四运动到 1949 年中华人民共和国成立，以中国共产党人为代表的先进分子在马克思列宁主义的指导下，自觉站在劳苦大众的立场开展教育工作，宣扬并实践马克思主义关于教育与生产劳动相结合的思想，取得了一些创新性的思想成果。这些成果的集中体现，就是第一次明确提出了包含"使教育与劳动联系起来"[①] 思想的文化教育总方针。这一文化教育总方针不仅是对过去一段时间经验的总结，也是对《共产党宣言》"把教育同物质生产结合起来"[②] 思想的运用和发展，对此后新民主主义革命时期的教育实践也具有指导性意义。它包含了以下几个方面的思想观点。

一、让工农群众受教育，提高文化水平

在前现代的中国，从事生产劳动的普通民众即平民是很少受教育的。开展教育与生产劳动的结合，就必先开展平民教育，让广大的工农群众先受教育。中国共产党的思想先驱对此有着特别深刻的认识。

陈独秀作为"五四运动的总司令"、中国共产党的主要创始人之一和党的早期主要领导人，特别重视教育，他自称是"一个迷信教育的人"，坚信教育是"改造社会最后的唯一工具"，就教育来说，他更推崇"平民教育"。他说："我对于教育的意见，第一是希望有教育，无论贵族的平民的都好，因为人们不受教育，好像是原料不是制品；第二是希望教育是平民的而非贵族的，因为资本社会里贵族教育制造出来的人才，虽非原料，却是商品。"[③] 当然，他深知在社会主义没有实现之前，平民教育是绝对做不到的。陈独秀认为，要普及教育，实现真正的平民教育，就必须实行社会主义。他指出："要普及教育，唯有盼望社会主义的实行了。为什么呢？因为社会主义，是主张经济平均分配的，并且无论什么大工业、大商业、大交通事业，都握在国家手里，不许国民私有，那时国家自然有很大的力量，使个个人受教育了。……现在国民的知识程度和学问的好坏，全看财产的多少为比例，可怜一班穷人中间，不知埋没了多少天才，这正是贫富的分别，不是智愚的分别呀。但是在社会主义实行以后，一般人都受得到教育，那时

---

① 毛泽东同志论教育工作 [M]．北京：人民教育出版社，1992：8.
② 马克思恩格斯选集：第一卷 [M]．北京：人民出版社，2012：422.
③ 陈独秀．陈独秀文集：第二卷 [M]．北京：人民出版社，2013：220.

才可以断定智愚的程度。"①

李大钊不仅是中国共产党的主要创始人之一,也是中国最早的马克思主义者和共产主义者。他主张"平民主义",倡导"平民教育",即对工农群众的教育。为此,李大钊提出应保证劳工在各方面的平等权利,特别是他们在教育方面的平等权利。他认为,"应该要求一种 Democracy(民主)的产业组织",使得劳工能够有均等的机会"去分配那生产的结果"。不但如此,人类的生活,除了衣食,还必须学习知识;除了物的欲望之外,还有精神上的要求。就"Democracy 的精神"来说,不仅表现在政治上要求普通选举,在经济上要求分配平均,在教育和文学上也要求"一个人人均等的机会"。为此,他主张减少劳工的工作时间,这样,劳工就可以利用省出来的一点时间"去读书,去看报,去补习技能,慰安灵性",与之相应,"必须多设补助教育机关",就是在劳动聚集的地方设有图书馆、书报社之类的设施,"使一般劳作的人,有了休息的工夫,也要能就近得个适当的机会,去满足他们知识的要求"。②

邓中夏是受李大钊教育成长起来的共产主义知识分子,也是中国共产党的创始人之一、五四运动重要领导人、工人运动先驱。他和一些进步知识分子在五四运动前组织成立了"北京大学平民教育讲演团","以增进平民智识、唤起平民之自觉心为宗旨"③,"以教育普及与平等为目的,以露天讲演为方法"④。邓中夏指出:"共和国家以平民教育为基础。平民教育,普及教育也,平民教育也。……顾以吾国平民识字者少,能阅印刷品出版物者只限于少数人,欲期教育之普及与平等,自非从事演讲不为功。"⑤该讲演团结合新文化运动和五四时期的反帝爱国斗争以及马克思主义传播的进程,深入城市、农村和工厂,在工农群众中普及文化知识,同时传播反帝反封建的革命思想。邓中夏等共产主义知识分子在北京大学平民教育讲演团活动的基础上,到 1920 年底在长辛店铁路工场附近创办劳动补习学校,始终坚持平民教育中的革命方向。比如当讲到"作工""劳动"两个词时,他们就联系做工最光荣、劳动最伟大、"劳动神圣"的道理

①　陈独秀. 陈独秀文集:第二卷 [M]. 北京:人民出版社,2013:228.
②　李大钊. 李大钊全集:第二卷 [M]. 北京:人民出版社,2013:407-408.
③　邓中夏. 邓中夏全集:上 [M]. 北京:人民出版社,2014:55.
④　邓中夏. 邓中夏全集:上 [M]. 北京:人民出版社,2014:53.
⑤　邓中夏. 邓中夏全集:上 [M]. 北京:人民出版社,2014:53.

解释字义。此外,他们还用生动的事例和故事使工人懂得什么是"剥削"和"帝国主义侵略"。

毛泽东作为中国共产党第一代领导集体的核心,在领导全党和中国人民进行新民主主义革命的过程中,一直重视对工农群众的教育。1921年,他曾在长沙办工人夜校。相比对工人的教育来说,毛泽东更重视对农民的教育。毕竟,农民在中国民众中占据重要地位,毛泽东主要通过文化运动对农民开展教育。他指出,中国历来只有地主有文化,农民没有文化。造成这种现象的原因是地主从农民身上掠取血汗。他还提出,中国有百分之九十的人民没有受过文化教育,其中"最大多数是农民"①。第一次国内革命战争时期,毛泽东在湖南开展农村调查,他帮助农民协会设立了二十多所农民夜校。

土地革命时期,工农革命政权还通过立法的形式保障工农受教育的权利。当时的《中华苏维埃共和国宪法大纲》中就有这方面的专门规定,其中提出中华苏维埃政权为了保证工农劳苦民众有受教育的权利,在进行革命战争的过程中,应当开始实施"完全免费的普及教育",其中还提出首先应当在青年劳动群众中实施,保障他们这方面的"一切权利"②。毛泽东在谈到苏区文化教育问题时曾讲,苏区的一切文化教育机关都是掌握在工农劳苦群众的手里的,他们及其子女"有享受教育的优先权",他要求苏维埃政府要"用一切方法来提高工农的文化水平"。为此,中华苏维埃政府开展了大规模的通过识字教育扫除文盲的群众运动。这项运动使群众中识字的人数迅速增加。发展广泛的社会教育、努力扫除文盲是苏维埃文化建设的中心任务之一。③这项工作,到抗日战争时期还在继续开展着。毛泽东在《论新阶段》(图4.1)中指出:"广泛发展民众教育,组织各种补习学校、识字运动。"④1939年4月,他还为延安《新中华报》题词:"为消灭文盲而斗争。"⑤在《论联合政府》(图4.2)中,他又指出,新中国的一

---

① 毛泽东选集:第一卷 [M]. 北京:人民出版社,1991:39.

② 陈元晖,璩鑫圭,邹光威. 老解放区教育资料:一 [M]. 北京:教育科学出版社,1981:28.

③ 毛泽东同志论教育工作 [M]. 北京:人民教育出版社,1992:5-6.

④ 毛泽东同志论教育工作 [M]. 北京:人民教育出版社,1992:48.

⑤ 毛泽东同志论教育工作 [M]. 北京:人民教育出版社,1992:50.

项重要工作,就是"从百分之八十的人口中扫除文盲"①。

图 4.1　《论新阶段》

图 4.2　《论联合政府》

让广大工农群众受教育,与新民主主义革命时期的文化发展大众化方针是吻合的。毛泽东强调:"这种新民主主义的文化是大众的,因而即是民主的。它应为全民族中百分之九十以上的工农劳苦民众服务,并逐渐成为他们的文化。"②毛泽东还指出开展工农民众教育对于经济发展的重要意义。在 1933 年的《必须注意经济工作》中,毛泽东认为通过文化教育工作来提高群众的政治和文化水平,对于发展国民经济来说"同样有极大的重要性"③。这是对马克思主义的教育同生产相结合是"提高社会生产的一种方法"观点的运用和发挥。

二、让干部和青年知识分子参加生产,成为劳动者

新民主主义革命时期,中国共产党人在推进教育与生产劳动相结合的过程中,所做的另一方面的工作就是让广大干部和青年知识分子参加生产,成为劳动者。这种实践和思想发端于五四时期的工读运动和工读思潮。

就工读运动来说,影响最大的莫过于赴法勤工俭学运动。这场运动肇始于五四运动之前、辛亥革命之后,由李石曾、吴稚晖、吴玉章等人发起,并得到蔡元培的支持。它的发展与五四运动以及当时的反帝爱国斗争的发展是密切联系的。在当时各种新思潮十分活跃的情况下,赴法勤工俭学运动形成高潮。周恩

① 毛泽东选集:第三卷 [M]. 北京:人民出版社,1991:1083.
② 毛泽东选集:第二卷 [M]. 北京:人民出版社,1991:708.
③ 毛泽东选集:第一卷 [M]. 北京:人民出版社,1991:126.

来、蔡和森、赵世炎、邓小平、陈毅、聂荣臻等一大批杰出的中国共产党人,都曾投入五四时期赴法勤工俭学的行列。对于当时赴法勤工俭学的盛况,周恩来在《留法勤工俭学生之大波澜》一文中说:"迨欧战既停,国内青年受新思潮之鼓荡,求知识之心大盛,复耳濡目染于'工读'之名词,耸动于'劳工神圣'之思,奋起作海外之行者因以大增。"① 当赴法勤工俭学运动形成高潮的时候,国内的工读互助运动在北京等地相继兴起。广大进步青年热烈讨论和宣传工读主义思想,形成了与赴法勤工俭学运动相呼应的工读思潮和工读运动。

对于工读,李大钊曾有专门论述。他指出,就当前世界上开展的工人运动来看,都是主张"缩小工作的时间",从之前主张八小时到现在主张六小时。这种做法于"懒惰的人看来",多以为要休息而非读书。但是,此主张的真正目的是让劳动者有时间去读书,给他们省出来的时间越多,那么他们读书的时间就会越多。这样一来,工作不耽误读书,读书也不耽误工作,"工读打成一片"。在李大钊看来,这样的生活"才是真正人的生活"。② 李大钊认为,这种把读书和劳动结合起来的工读思想,是中国传统社会耕读结合思想的现代发展。他说:"中国乡村里有句旧话说得很好,就是'耕读传家'。现在家族制度渐就崩坏,'传家'二字已没用了,可以改为'耕读作人'。是一句绝好的新格言。"③ 可见,李大钊关于"工读"的论述,既坚持了马克思主义的教育与生产劳动相结合原理,又吸收了中国传统社会耕读结合思想精华,可谓"近代中国教育史上早期的教育与生产劳动相结合的思想"。④

在新民主主义革命时期,中国共产党人运用贯彻教育与生产劳动相结合原理的一个突出表现就是加强对革命干部的劳动教育。从第一次国内革命战争时期的湖南自修大学,到土地革命时期的红军大学、苏维埃大学、马克思共产主义大学,再到抗日战争时期的抗日军事政治大学等,无不如此。

湖南自修大学(图4.3)是毛泽东等人1921年8月在长沙创办的。这是一所传播马克思列宁主义和培养革命干部的学校。就教育内容来说,这所学校的特

---

① 清华大学中共党史教研组. 赴法勤工俭学运动史料:第一册 [M]. 北京:北京出版社, 1979:5.

② 李大钊. 李大钊全集:第三卷 [M]. 北京:人民出版社,2013:179.

③ 李大钊. 李大钊全集:第三卷 [M]. 北京:人民出版社,2013:178.

④ 毛礼锐,沈灌群. 中国教育通史:第五卷 [M]. 济南:山东教育出版社,1988:60.

色就是非常注意劳动教育,特别强调脑力劳动与体力劳动相结合。它的《组织大纲》有专门规定,要求入学的学友破除文弱的习惯,实现"脑力与体力平均发展"。另外,为了实现"知识与劳力两阶级之接近",学校要求学友应当注意劳动,还为开展劳动准备了"相当之设备",如"园艺、印刷、铁工等"。① 这所学校在性质上属于半工半读一类的。抗日战争时期,毛泽东在领导开展的干部教育中特别强调要参加生产劳动。他在 1939 年为抗大开展生产运动的题词中,要求现代"一面学习,一面生产",到将来"一面作战,一面生产",还强调这种抗大的作风,是"足以战胜任何敌人的"。② 在为中共中央写的对党内的指示中,毛泽东明确要求:一切机关学校部队都必须在战争条件下厉行种菜、养猪、打柴、烧炭、发展手工业和部分种粮。各级党政机关学校一切领导人员"都须学会领导群众生产的一全套本领"③。

图 4.3　湖南自修大学旧址

　　对于已经掌握了较多文化知识的知识分子,特别是青年知识分子,毛泽东要求他们参加生产劳动。在《整顿党的作风》一文中,毛泽东专门讲了知识分子的问题,他认为仅有书本知识却没有参加任何实际活动的人还不能算是"完全的"或者"名副其实"的知识分子,必须参加到实际的工作中才行。毛泽东在《青年运动的方向》中,特别表彰了延安的青年运动,认为他们是全国青年运动的模范。他之所以这么说,是因为延安的青年"在学习革命的理论,研究抗日

---

① 华东师范大学教育系教科所. 中国现代教育史 [M]. 上海:华东师范大学出版社,1983:110.
② 毛泽东同志论教育工作 [M]. 北京:人民教育出版社,1992:65.
③ 毛泽东同志论教育工作 [M]. 北京:人民教育出版社,1992:187.

救国的道理和方法"的同时，还"实行生产运动，开发了千亩万亩的荒地"。毛泽东指出："开荒种地这件事，连孔夫子也没有做过。"孔子办学时，"贤人七十，弟子三千"，可谓盛极一时，但是孔子的学生中多数人是不喜欢生产劳动的。一个典型的事例是，孔子学生向孔子请教如何耕田和种菜等问题时，孔子表示自己不知道。这说明，在中国古代圣人门下求学的学生，"不实行劳动"。毛泽东还说到当时全国各地的学校，"革命理论不多，生产运动也不讲"①。毛泽东把知识分子开展生产劳动视为模范的表现之一，这自然也包含了重视体力劳动的意思，与传统社会较为普遍存在的轻视体力劳动的情况形成鲜明的对比。

三、倡导知识分子和工农群众相结合

中国共产党人在新民主主义革命时期不仅注重对工农群众的文化教育，而且强调知识分子要参加生产劳动。他们还找到一个可以兼顾这两项任务的途径，那就是推进知识分子和工农群众的结合。

李大钊特别倡导知识阶级和劳工阶级的结合。他非常希望中国的青年认清一个道理：要想把现代的新文明输入中国社会，就"非把知识阶级与劳工阶级打成一气不可"。在他看来，只要是知识阶级加入了劳工团体，那么劳工团体就有了光明。这就要求知识分子到工农中间去，一面工作，进行工农的教育，一面在工作中学习。因为中国是一个农国，大多数的劳工阶级是农民，所以李大钊号召青年"应该到农村里去"，去做开发农村、改善农民生活的事；在农村里，一面劳作，一面和劳作的伴侣在欢声笑语中"商量人生向上的道理"。他坚信，只要有大量的青年回到农村去，农村的生活就会有改进的希望。农村生活有了改进，社会组织就会有进步，"那些掠夺农工、欺骗农民的强盗"自然就"销声匿迹了"。②需要说明的是，李大钊是从中国革命需要的角度探讨知识分子与工农相结合的。他深刻揭示了民众势力的伟大作用，指出："民众的势力，是现代社会上一切构造的唯一的基础。"③在他看来，知识分子只有与民众结合才有出路。这样，李大钊就把对人民的注意力转到了迫切的社会根本改造问题上来，推动

---

① 毛泽东选集：第二卷 [M]. 北京：人民出版社，1991：568.
② 李大钊. 李大钊全集：第二卷 [M]. 北京：人民出版社，2013：422-426.
③ 李大钊. 李大钊全集：第三卷 [M]. 北京：人民出版社，2013：262.

了教育与革命发展的进程。

　　毛泽东始终坚持知识分子与工农群众相结合的观点。在他看来,只有知识分子和工农群众的结合才能取得革命的成功。在谈到"一二·九"运动的重大意义问题时,毛泽东认为,知识分子如果不与工农群众结合,就不会有巨大的力量,也干不成大事业,同样,革命队伍里如果没有知识分子,也干不成大事业。①

　　土地革命时期,毛泽东特别重视知识分子在发展文化教育中的作用。他指出苏维埃文化工作中不可忽视的一点就是:要造就革命的知识分子,要发展文化教育,就必须"利用地主资产阶级出身的知识分子"② 来为苏维埃服务。到抗日战争时期,毛泽东针对一些军队干部恐惧和排斥知识分子的错误观点,指出:"没有知识分子的参加,革命的胜利是不可能的。"他还进而提出大量吸收知识分子的主张。毛泽东强调,要一方面切实说服那些反对知识分子参加工作的干部,同时还要鼓励他们加紧学习,以提高他们的文化水平,这样不仅可以实现"使工农干部的知识分子化",而且可以实现"知识分子的工农群众化","无产阶级自己的知识分子的造成,也决不能离开利用社会原有知识分子的帮助"。③

　　毛泽东指出,五四运动以来,广大的知识青年和学生青年站在革命队伍的前头,是先锋队。这支队伍虽然相当大,但还不是主力军,主力军是占全国人口百分之九十的工农大众。他认为,如果没有工农大众这支主力军的参与,仅仅依靠作为先锋队的知识青年和学生青年,是无法完成反帝反封建的革命任务的,必须把两者结合在一起才行。这就需要知识青年和学生青年到工农群众中去,把他们组织和动员起来。在毛泽东教育知识青年的原则中,有一条就是:"教育他们接近工农,决心为工农服务,反对看不起工农的意识。"④ 其中,毛泽东特别强调知识分子要与占中国人口大多数的农民结合。为此,他向中国广大的革命知识分子提出要求,应该深刻觉悟到把自己和农民结合起来的必要性。农民需要知识分子,正等待着他们的援助。因此,他们应该热情地跑到农村中去,"脱下学生装,穿起粗布衣",要不惜从任何小事做起,在农村了解农民的要求,"帮助农民觉悟起来,组织起来",为完成中国民主革命中的农村民主革命这项极其

① 毛泽东同志论教育工作 [M]. 北京:人民教育出版社,1992:79.
② 毛泽东同志论教育工作 [M]. 北京:人民教育出版社,1992:8.
③ 毛泽东选集:第二卷 [M]. 北京:人民出版社,1991:618-620.
④ 毛泽东同志论教育工作 [M]. 北京:人民教育出版社,1992:70.

重要的工作而奋斗。①

中国共产党的杰出代表人物在新民主主义革命时期关于教育与生产劳动相结合的论述,创造性地运用和发挥了马克思提出的"生产劳动和教育的早期结合是改造现代社会的最强有力的手段之一"②的思想,初步实现了马克思主义教育与生产劳动相结合原理的中国化,为这项事业在今后的开展奠定了思想基础。

第二节　社会主义革命和建设时期的教育与生产劳动相结合思想

中华人民共和国成立之初,面临着多方面极其严峻的挑战。中国共产党团结带领中国人民,经过不懈奋斗,战胜了各种困难,终于在错综复杂的国内国际环境中站稳了脚跟。1953 年,中国共产党正式提出"一化三改"的过渡时期的总路线,到 1956 年完成了社会主义改造,建立了社会主义制度。之后,进入社会主义时代的中国开始了全面的建设。在社会主义革命和建设时期,中国共产党人关于教育与生产劳动相结合的思想又有了新的发展。

一、社会主义教育方针的提出

中国共产党人关于教育与生产劳动相结合的思想,集中体现于不同时期的教育方针里。所谓教育方针,指的是党和政府在一定历史时期,为实现一定任务而确定的教育指导方向和指针。中国共产党一贯重视制定教育方针工作。中华人民共和国成立初期,中国共产党实行的是新民主主义的教育方针。周恩来指出:"新民主主义的教育是民族的、科学的、大众的教育。"他还结合高等教育发展讲:"我们的国家是以工人阶级为领导、工农联盟为基础的人民民主专政的国家。所以,我们的高等教育首先就要向工农开门,培养工农出身的新型知识分子。……我们一定要在若干年内从劳动人民中培养出大批新型的知识分

---

① 毛泽东选集:第三卷 [M]. 北京:人民出版社, 1991:1079.

② 人民教育出版社教育室. 马克思恩格斯列宁论教育 [M]. 北京:人民教育出版社, 1993:108.

子。"① 1950年,时任教育部副部长、中共教育部党组书记的钱俊瑞指出:"中华人民共和国的教育是新民主主义的教育,即民族的、科学的、大众的教育,这在毛主席的著作中,在人民政协共同纲领中,已经规定得很明确了。在目前阶段,我们推行新民主主义教育应该采取什么方针呢?为工农服务,为生产建设服务,这就是当前实行新民主主义教育的中心方针。"② 在此教育方针的指引下,新中国把教育的中心任务放在了对作为中国人民主体的工农的教育上③,当时开展的一项重点工作是以扫盲为目标的识字教育。

1956年,社会主义改造完成,中国进入了社会主义时代。新的时代自然需要新的教育方针。中国共产党人根据马克思主义关于教育的基本原理对教育方针又进行了新的发展。中国社会主义的教育方针是毛泽东在《关于正确处理人民内部矛盾的问题》一文中正式提出的,即"我们的教育方针,应该使受教育者在德育、智育、体育几方面都得到发展,成为有社会主义觉悟的有文化的劳动者"④。很明显,这个关于教育方针的表述是从培养目标即"培养什么人"的角度概括的,当然也涵括了马克思主义的教育与生产劳动相结合原理,因为它的落脚点是培养"有社会主义觉悟的有文化的劳动者"。

对于教育与生产劳动相结合原则,毛泽东是始终强调的。他在1958年的一次讲话中指出:"教育必须为无产阶级政治服务,必须同生产劳动相结合。劳动人民要知识化,知识分子要劳动化。"⑤1958年8月13日,毛泽东在视察天津大学时指示说:"高等学校应抓住三个东西:一是党委领导;二是群众路线;三是把教育和生产劳动结合起来。"⑥毛泽东的这些指示体现的是中国共产党人集体的智慧。1958年8月16日,时任中共中央宣传部部长、中央文教小组组长的陆定一,根据中共中央召集的教育工作会议的结论,撰写了一篇题为《教育必须与生

---

① 中央教育科学研究所. 周恩来教育文选 [M]. 北京:教育科学出版社,1984:6.

② 何东昌. 中华人民共和国重要教育文献(1949—1975) [M]. 海口:海南出版社,2003:17.

③ 按照钱俊瑞在《当前教育建设的方针》一文中讲的,需要着手做的工作有:"工农干部和人民解放军的教育";"工人业余补习教育";"农民的业余补习教育";"推行识字教育";"举办工农速成中学";"全国各级学校都应该大大地为工农及其子女开门"。(何东昌. 中华人民共和国重要教育文献(1949—1975) [M]. 海口:海南出版社,2003:20-22.)

④ 毛泽东文集:第七卷 [M]. 北京:人民出版社,1999:226.

⑤ 毛泽东同志论教育工作 [M]. 北京:人民教育出版社,1992:273.

⑥ 毛泽东同志论教育工作 [M]. 北京:人民教育出版社,1992:274.

产劳动相结合》的文章。文章的主要内容就是以中国共产党的教育与生产劳动相结合的教育方针批判资产阶级的教育方针，指出："中国共产党的教育方针，向来就是，教育为工人阶级的政治服务，教育与生产劳动相结合；为了实现这个方针，教育必须由共产党领导。这个方针，是同资产阶级的教育方针针锋相对的。……在我们的社会主义国家中，资产阶级的教育方针表现为：为教育而教育，劳心与劳力分离，教育由专家领导。"[1]1958 年 9 月 19 日，中共中央和国务院联合发布《关于教育工作的指示》，明确提出了党的教育工作方针，指出："党的教育工作方针，是教育为无产阶级的政治服务，教育与生产劳动结合。"它的内容可归结为"一个服务"和"一个结合"。"一个服务"就是"教育为无产阶级的政治服务"，这是目标；"一个结合"就是"教育与生产劳动结合"，这是方法。《关于教育工作的指示》还强调："为了实现这个方针，教育工作必须由党来领导。没有党的领导，社会主义的教育是不能设想的。"[2]

中国共产党人关于社会主义教育方针的两次概括，实现了对马克思主义教育与生产劳动相结合原理的新发展。其中的突出表现就是把马克思主义的教育与生产劳动相结合原理同人的全面发展思想统一起来了。就二者的关系来说，教育与生产劳动相结合是培养全面发展的人的根本途径；培养全面发展的人，是教育与生产劳动相结合的根本目标。对于两次概括的统一性，周恩来的解释是最有力的说明。1963 年 7 月 22 日，周恩来在北京市高等学校应届毕业生大会上作了重要报告。在报告中，他对中国进入社会主义阶段后中国共产党提出的"一个服务""一个结合"的教育方针进行了具体阐发。就"一个服务"即"教育为无产阶级政治服务"来说，周恩来认为，无产阶级政治就是社会主义，因此，

---

① 《陆定一文集》编辑组. 陆定一文集：下 [M]. 北京：人民出版社，1992：582–583. 陆定一的这篇文章曾得到毛泽东的亲自审阅。毛泽东在审阅时还亲自加写了两段文字，其中一段就是论述教育与生产劳动相结合的。该文后发表于 1958 年 9 月 1 日出版的《红旗》杂志第 7 期。对于这篇文章，刘少奇在一次讲话中说："关于我们的教育方针，中央已经有一个决定发表了，这是北戴河会议通过的。陆定一同志有一篇文章《教育必须与生产劳动相结合》，也是经过中央讨论的。那篇文章写得很好。"（中共中央文献研究室刘少奇研究组，中央教育科学研究所. 刘少奇论教育 [M]. 北京：教育科学出版社，1998：233.）

② 何东昌. 中华人民共和国重要教育文献（1949—1975）[M]. 海口：海南出版社，2003：859.

"一个服务"就是要使受教育者具有社会主义觉悟,"愿意为社会主义服务";就"一个结合"即"教育与生产劳动相结合"来说,就是要使受教育者经过生产劳动,锻炼成为一个既有社会主义觉悟又有文化的劳动者。显然,他是用毛泽东 1957 年关于教育方针的概括来解释 1958 年中共中央和国务院联合发布的教育方针,实现了两者的结合。周恩来还补充说,其中讲的劳动者是就广义而言的,既包括体力劳动者也包括脑力劳动者,但主要还是指"从事生产的工人和农民"①。1957 年 5 月 4 日,周恩来在给天津市第十五中学的信中说:"希望你们好好学习,加强劳动观点,热爱祖国,提高政治思想觉悟,树立艰苦朴素作风,为准备做一个有文化有技术的工人和农民,做一个体力劳动和脑力劳动相结合的知识分子而努力。祝你们三好!"②这些寄语全面阐释了教育方针。"提高政治思想觉悟"和"三好"的要求,体现的是全面发展的培养目标。他提出,如果做"工人和农民"之类的生产者,就要"有文化有技术";如果做"知识分子",那就要做到"体力劳动和脑力劳动相结合",参加生产劳动。周恩来认为,生产劳动对于科学技术上的创新创造是有决定意义的,如果没有生产劳动,任何伟大的创造发明、技术革新、技术革命"都是不能实现的"。③

　　除将马克思主义的教育与生产劳动相结合原理同人的全面发展思想结合起来之外,中国共产党人还具体发展了马克思主义教育与生产劳动相结合原理的"双向"结合思想。在实际中贯彻教育与生产劳动相结合,自然包括让生产劳动者接受教育以及让受教育者参加劳动两方面的内容。这体现的就是马克思主义教育与生产劳动相结合的"双向"结合思想。针对大工业生产使用童工却剥夺其受教育权利致使其身心受摧残的情况,马克思提出,如果不能把儿童和少年的劳动和教育结合起来,那么"无论如何也不能允许父母和企业主使用这种劳动"④。这是讲的劳动和教育的结合。同时,马克思还讲过教育和劳动的结合。他认为,现代工业把儿童和少年吸引来参加到伟大的社会生产事业中,这是一种进步的、健康的也是合乎规律的趋势。他提出,少年儿童要服从普遍

① 中央教育科学研究所. 周恩来教育文选 [M]. 北京:教育科学出版社, 1984:206-207.

② 中央教育科学研究所. 周恩来教育文选 [M]. 北京:教育科学出版社, 1984:150.

③ 中央教育科学研究所. 周恩来教育文选 [M]. 北京:教育科学出版社, 1984:212.

④ 人民教育出版社教育室. 马克思恩格斯列宁论教育 [M]. 北京:人民教育出版社, 1993:104.

的自然规律，即"为了吃饭，他必须劳动，不仅是用脑劳动，而且用双手劳动"①。中国共产党人在运用和贯彻教育与生产劳动相结合原理的过程中，始终从这两个方面加以着手。毛泽东在1958年的那一次重要谈话中，强调过"教育必须为无产阶级政治服务，必须同生产劳动相结合"之后，继而提出两条带有原则性的要求，那就是"劳动人民要知识化，知识分子要劳动化"②。这个"两化"的概括，不仅是对中国共产党人此前开展教育实践经验的总结和升华，也是对马克思主义教育与生产劳动"双向"结合思想的发展。

二、"劳动人民要知识化"

"劳动人民要知识化"指的是教育普及问题。中共中央、国务院于1958年发布的《关于教育工作的指示》中提出，为了很快地普及教育，应当大量地发展业余的文化技术学校以及半工半读的学校，因为一方面这两种学校可以全部或者大部分解决自己的经费问题，"很少需要或者不需要政府的帮助"；另一方面，这种学校可以按照"能者为师"的原则"就地找到师资"。③1961年7月30日，毛泽东给江西共产主义劳动大学专门写了一封信，高度赞扬了他们的半工半读办学校的做法，对他们的事业表示"完全赞成"，指出他们办学的最大优点是采取"半工半读、勤工俭学"的方式，"不要国家一分钱"，为国家节约经费。毛泽东认为，他们的学校"确是很好的"，因为它还有一大的优点就是面广：就学业层次来说，"小学、中学、大学都有"；就办学地点来说，"分散在全省各个山头，少数在平地"；就受教育的对象来说，在校的青年居多，也有一部分中年干部。毛泽东希望，不但江西有这样的学校，其他省也应有这样的学校。他建议各省应派有能力、有见识的负责同志到江西考察，"吸取经验，回去试办"④。

中国共产党之所以倡导勤工俭学、半工半读，主要原因是教育经费不足。就

---

① 人民教育出版社教育室. 马克思恩格斯列宁论教育 [M]. 北京：人民教育出版社，1993：103.
② 毛泽东同志论教育工作 [M]. 北京：人民教育出版社，1992：273.
③ 何东昌. 中华人民共和国重要教育文献（1949—1975）[M]. 海口：海南出版社，2003：860.
④ 何东昌. 中华人民共和国重要教育文献（1949—1975）[M]. 海口：海南出版社，2003：1052.

刚成立不久的新中国来说,确实拿不出那么多钱去办学校。当时中国的很多家庭,是不能保证所有子女都受到中学乃至大学的教育的。因此,青年学生要求升学和多读书的问题在当时很难满足。但是,如果采取勤工俭学的做法,这些问题就可以解决了。在这方面,刘少奇所做的探索颇多。为了使更多的人接受文化教育,刘少奇在新中国成立后支持各种建设性的做法。在速成识字法发明以后,他提出"在全国大张旗鼓地推行识字运动"。除国家办学校以外,他还提倡采取其他方式办学,比如集体办学、互助办学,他甚至还提出可由一些自由职业者办私塾,总之要想一切办法让孩子们有书可读。如何更好地普及教育,刘少奇在此前探索的基础上又做了进一步的思考。在1958年5月30日召开的中共中央政治局扩大会议上,刘少奇正式提出"两种教育制度、两种劳动制度"的设想。

刘少奇认为,中国应该有两种教育制度和劳动制度。第一种教育制度和劳动制度是"全日制的学校教育制度"和当时工厂和机关里面的"八小时工作的劳动制度";另一种教育制度和劳动制度是半工半读的学校教育制度和劳动制度,这种制度不论在学校中,在工厂中,在机关中,在农村中,都可以"比较广泛地采用"。[1] 刘少奇之所以倡导"两种教育制度、两种劳动制度",主要是因为它能满足国家普及教育的需要。他指出,实行劳动制度和学校制度的结合有其优势所在。这一制度能够在国家和家庭负担得起的前提下,实现教育的普及。如果不这样做,不但会给国家和家庭带来极大的负担,也"不能普及教育"。就当时的社会情况来看,"有相当数量的学龄儿童不能入学。一方面消灭文盲,一方面大量的文盲又新产生了。小孩子现在也多。所以不想个办法,普及教育就没有希望"。通过探索证明:"实行半农半读或者半工半读的教育制度,使小孩子自己可以弄到饭吃,又能读书,这样国家可以负担得起,家庭也可以负担得起了。因此,就有可能普及教育。"[2] 刘少奇还认为,如果从长远观点来看,实行"两种教育制度和两种劳动制度"还有一个益处,就是可以逐步消除脑力劳动和体力劳动的差别。

刘少奇的"两种教育制度、两种劳动制度"思想,是立足中国教育发展实际

---

[1] 中共中央文献研究室刘少奇研究组,中央教育科学研究所. 刘少奇论教育 [M]. 北京:教育科学出版社,1998:215.

[2] 中共中央文献研究室刘少奇研究组,中央教育科学研究所. 刘少奇论教育 [M]. 北京:教育科学出版社,1998:257.

提出来的,同时也继承了中华优秀传统文化的思想成分,是对马克思主义教育与生产劳动相结合思想的继承和发展。他在 1965 年 11 月 6 日中共中央政治局专门讨论城市半工半读教育问题会议上的讲话中,引述了《资本论》(马克思)、《论住宅问题》(恩格斯)、《民粹主义空想计划的典型》(列宁)中的相关论述,特别是马克思《资本论》中的话,因为其中明确有"一半时间劳动一半时间上学校的制度"[①] 的说法。在谈到全日制、业余教育、半工半读三种教育形式时,刘少奇指出:"最好的形式是半天劳动、半天读书,因为半天真正劳动、半天真正读书,对劳动,对读书都有利,对人的身体也最有利。"他还说,这种半天劳动、半天读书的制度,是马克思从一个工厂视察员那里发现的。那个视察员发现,和正规学校的学生相比,工厂儿童虽然只受了半数时间的教育,但是他们学到的东西是一样多的,并且往往更多。这种一半时间劳动、一半时间上学校的制度"使工作和教育相互成为休息和鼓励"。那个视察员在报告中还说:"连一个工厂主资本家,也希望让他的儿子有劳动和游戏来调剂他们的学校功课。"[②] 这是刘少奇读《资本论》获得的重要启示。

三、"知识分子要劳动化"

就"知识分子要劳动化"来说,它一方面是针对青少年的,要求青少年树立辛勤劳动的奋斗意识,消除享乐安逸的想法。毛泽东指出,要勤俭,让全体青年懂得,"我们的国家现在还是一个很穷的国家,并且不可能在短时间内根本改变这种状态,全靠青年和全体人民在几十年时间内,团结奋斗,用自己的双手创造出一个富强的国家"[③]。社会主义制度的建立为中国提供了一条达到理想境界的道路,但是要实现这个理想境界,还是要依靠"我们的辛勤劳动"[④]。勤俭是中华民族的传统美德,毛泽东要求青少年树立勤俭意识,是对中华优秀传统的劳

① 中共中央文献研究室刘少奇研究组,中央教育科学研究所. 刘少奇论教育 [M]. 北京:教育科学出版社,1998:276.
② 中共中央文献研究室刘少奇研究组,中央教育科学研究所. 刘少奇论教育 [M]. 北京:教育科学出版社,1998:279-280.
③ 中共中央文献研究室. 毛泽东 周恩来 刘少奇 朱德 邓小平 陈云 格言 [M]. 上海:上海人民出版社,1997:77.
④ 毛泽东文集:第七卷 [M]. 北京:人民出版社,1999:226.

动教育思想的继承和发展。就具体做法来说,他要求一切学校的学生都要参加劳动,对中等技术学校和技工学校、高等工业学校、农业学校、农村里的大中小学校和城市里的中等学校等都做了关于参加生产劳动的具体部署。例如,对于高等工业学校的可以生产的实验室和附属工场,他要求在保证教学科研的需要外,尽可能地进行生产,这体现了教育、科研、生产三结合的思想。①

对于青年勤工俭学,积极参加劳动的现象,刘少奇给予了高度赞扬。《提倡勤工俭学,开展课余劳动》这篇文章是 1957 年 5 月 5 日《中国青年报》的社论,根据刘少奇 1957 年 2 月至 4 月在河北、河南、湖北、湖南、广东等省视察时的几次谈话整理,经过刘少奇审定后发表。这篇社论对河北、河南等省的一些大、中学校学生参加课余劳动、勤工俭学的情况进行了表彰,其中指出:"学生们参加课余劳动、实行勤工俭学,这是值得加以赞扬和提倡的好事。"② 在刘少奇看来,新中国的青年学生,参加课余劳动,参加勤工俭学,这是继承前辈光荣传统的表现。中国古代这方面的动人事迹有很多,像《三字经》里记载的把书挂在柴担上读的汉朝的朱买臣,拿着书骑在牛背上读的隋朝的李密,还有放牛赚钱买书读的元朝诗画家王冕;另外,中国近代也有用半工半读方法寻求知识和学问的,比如到法国勤工俭学的周恩来、邓小平、李富春等,他们可以说是当时那一批青年中的优秀代表。刘少奇认为,提倡勤工俭学,有两方面的好处。一方面,可以搞一点学费,改善学生生活。学生们利用这种劳动所得既能解决自己学费困难的问题,同时也改善了自己的生活。③ 在刘少奇看来,学生开展课余劳动,提倡勤工俭学,很有可能成为解决他们学费困难和普及教育的重要途径之一。另一方面,学生在劳动中可以受到劳动教育。刘少奇认为,组织学生参加课余劳动,可以帮助学生学习劳动技能,养成劳动习惯,在实际的劳作中体会人类劳动的伟大,进而增加对劳动人民的了解和对他们的感情。"许多地方的事实都说明,学生们参加课余劳动以后,更加懂得了'一粥一饭来之不易',学习上也更加勤

① 毛泽东同志论教育工作 [M]. 北京:人民教育出版社, 1992:271–272.
② 中共中央文献研究室刘少奇研究组,中央教育科学研究所. 刘少奇论教育 [M]. 北京:教育科学出版社, 1998:193.
③ 中共中央文献研究室刘少奇研究组,中央教育科学研究所. 刘少奇论教育 [M]. 北京:教育科学出版社, 1998:192.

奋了。"①

对于青少年和知识分子中轻视体力劳动的现象，中国共产党的领导人也进行了批评。在《关于中小学毕业生参加农业生产问题》中，刘少奇指出，青年中轻视体力劳动的现象还是比较普遍的，有不少中小学毕业生特别是中学毕业生不愿意下乡种地，认为从事这样的劳动"丢人""没出息""不光荣"。对于这些错误观点，刘少奇连续反问说："这是一种什么呢？""是劳动人民的观点吗？""是无产阶级的观点吗？""是马克思主义的观点吗？"显然都不是。在刘少奇看来，这是典型的"封建性的糟粕"，"是'万般皆下品，唯有读书高'的观点"，"是封建士大夫的观点"，"是封建贵族的观点"，或者说"也是资产阶级的观点"。②刘少奇认为，这是自古以来轻视体力劳动的思想在作怪。这种思想错误地认为，劳动是有高低贵贱之分的，参与劳动就会降低自己的"身份"。刘少奇强调，中国共产党开展的新教育同旧教育有一个根本性的区别就是，新教育让青年学生在学校获得知识的目的，就是为了让他们毕业后能更好地从事劳动、参加祖国建设，能更好地为人民服务、为祖国服务。刘少奇指出，新中国的知识青年，有三种"不应该"：一是只满足于从书本中获取知识；二是"以不参加体力劳动为荣"；三是成为那种"肩不能挑，手不能提"，"四体不勤，五谷不分"的人。③

对于轻视体力劳动的思想观点，周恩来也多次进行批评。他曾指出："旧社会有句老话，说'万般皆下品，唯有读书高'。读书的唯一目的就是做官，这种观点是违反时代潮流的，是错误的，我们应该否定它。我们应该认识到，学习是为了劳动，为了社会主义建设。这就联系到就业的问题了。青年人学习告一段落，就要到劳动岗位上去，到农村和城市的各种劳动岗位上去，这就是就业。"④他还结合大学生毕业后的就业问题做了进一步说明："我们的中小学生毕业后除

---

① 中共中央文献研究室刘少奇研究组，中央教育科学研究所. 刘少奇论教育 [M]. 北京：教育科学出版社，1998：194.

② 中共中央文献研究室刘少奇研究组，中央教育科学研究所. 刘少奇论教育 [M]. 北京：教育科学出版社，1998：176.

③ 中共中央文献研究室刘少奇研究组，中央教育科学研究所. 刘少奇论教育 [M]. 北京：教育科学出版社，1998：193-194.

④ 中央教育科学研究所. 周恩来教育文选 [M]. 北京：教育科学出版社，1984：145.

了一小部分升学以外，多数都应该参加工农业生产。高等学校中也应该加强劳动教育，学生毕业后一般地应该参加一定的体力劳动，今后应该对此定出一些制度，逐步实施。过去教育行政部门对劳动教育重视不够，没有采取切实可行的措施，同时社会上特别是一部分干部中还有'万般皆下品，唯有读书高'，'学而优则仕'的剥削阶级思想的残余，因而造成了不少青年学生轻视体力劳动，轻视工农劳动人民，毕业后不愿参加工农业生产劳动的不健康现象。"①

　　1957年5月，时任中共中央总书记的邓小平在中国新民主主义青年团第三次全国代表大会上勉励青年积极参加建设社会主义的劳动，还教育他们要克服轻视体力劳动的错误思想。他指出，要通过艰苦的劳动创造社会主义的幸福生活。这是因为，体力劳动不仅是"社会存在和发展的基础"，更是最大多数人民"要担负的光荣义务"，广大青年团员要投身于劳动，特别是要"积极参加工农业生产的体力劳动"。邓小平认为，轻视体力劳动是剥削阶级的思想，也是社会主义社会前进的障碍。他要求："我们的青年团员要不愧成为共产主义的先进战士，就一定要向轻视劳动，特别是轻视体力劳动的思想作斗争。"②他还希望全国的青年学生要努力学习，同时还要积极准备参加建设祖国的生产劳动，首先是体力劳动。就算是从事脑力劳动的青年"也应该经过一段时间的体力劳动"，因为这对他们的德育、智育、体育的全面发展"是必要的"。③邓小平不仅批评了中国封建社会思想中轻视体力劳动的糟粕，还阐述了生产劳动对于培养全面发展的人的重要意义。

　　"知识分子要劳动化"的另一方面的工作，就是知识分子的改造。这项工作在新中国成立之初就已进行。毛泽东认为，中国的资产阶级及其知识分子，人数虽然很少，但与其他阶级相比较，资产阶级在近代的文化和技术方面水平要高很多，因此必须团结他们，而且还要"把他们改造过来"④。在开展农业合作化期间，毛泽东看到一篇组织中学生和高校毕业生参加合作化的文章，他给以热情支持和赞赏，指出："一切可以到农村中去工作的这样的知识分子，应当高兴

① 中央教育科学研究所. 周恩来教育文选 [M]. 北京:教育科学出版社, 1984:155.
② 中共中央文献研究室. 邓小平论教育:第三版 [M]. 北京:人民教育出版社, 2004:12.
③ 中共中央文献研究室. 邓小平论教育:第三版 [M]. 北京:人民教育出版社, 2004:13.
④ 毛泽东文集:第七卷 [M]. 北京:人民出版社, 1999:79-80.

地到那里去。农村是一个广阔的天地,在那里是可以大有作为的。"① 在《关于正确处理人民内部矛盾的问题》中,毛泽东结合新中国成立以来的这项工作开展的新情况又进行了论述。他号召广大知识分子,要想同工人农民团结一致,就必须继续改造自己,逐步抛弃资产阶级的世界观,进而树立无产阶级的、共产主义的世界观。但这是很不容易的,因为"世界观的转变是一个根本的转变"。毛泽东认为,当时的知识分子还不能说已经完成了这个转变。他希望中国的知识分子继续前进,"不要中途停顿,更不要向后倒退",通过工作和学习,逐步地树立共产主义的世界观,同工人农民打成一片,"倒退是没有出路的"。② 这里,他提出知识分子要同工人农民打成一片,就是通过劳动改造世界观。这类的活动在新中国成立后特别是 20 世纪 60 年代前后开展了很多,如知识青年上山下乡等。

对于知识分子改造,周恩来做了大量卓有成效的工作。在他看来,知识分子改造的主要工作,就是要学习工人阶级的立场。因为工人阶级具有先进性,此优点使得这个群体可以使全世界的人都成为劳动者,同时使脑力劳动和体力劳动统一起来。因此,周恩来主张,知识分子在自我改造的过程中要向工人阶级和劳动人民学习,学习他们的思想和立场,因此这就需要"到工厂去,到农村去",同时他还强调"要经过锻炼,经过学习,经过实践"。③ 他认为,知识分子改造其实也是"建立无产阶级的思想感情",这就需要参加生产劳动,"向劳动人民学习生产知识",同时还要学习他们淳朴的思想感情、语言和作风,从他们身上学到书本上学不到的东西。周恩来指出:"只要我们和他们在一起,久而久之,就能够发现他们的优点,从他们那里吸取营养,巩固我们的阶级立场。"④ 刘少奇在批评轻视体力劳动的观点时也涉及这一问题。他认为,虽然知识分子是工人阶级的一部分,但他们的思想并不都是工人阶级思想,有的是资产阶级的思想。这有两点表现:一是不懂得世界是劳动创造的,却错误地以为是由知识创造的;二是不懂得知识与劳动的关系,具体说来就是不懂得体力劳动是知识的基础,

---

① 毛泽东同志论教育工作 [M]. 北京:人民教育出版社,1992:223.

② 毛泽东文集:第七卷 [M]. 北京:人民出版社,1999:225.

③ 中央教育科学研究所. 周恩来教育文选 [M]. 北京:教育科学出版社,1984:47.

④ 中央教育科学研究所. 周恩来教育文选 [M]. 北京:教育科学出版社,1984:212.

事实上，"脑力劳动是为体力劳动服务的，知识是为劳动服务的"①。

第三节　改革开放和社会主义现代化建设新时期的教育与生产劳动相结合思想

党的十一届三中全会以后，中国进入了改革开放和现代化建设的新时期。就像中国的其他工作一样，教育工作也实现了历史性的转折。在此时期，以邓小平、江泽民、胡锦涛为主要代表的中国共产党人，都特别关心和重视教育工作。他们根据新的时代要求，继续推进马克思主义的教育与生产劳动相结合原理在中国的发展，取得了新的思想成果。

一、对社会主义教育方针的继承和发展

"文革"结束之初，中国共产党人对党的教育方针并未做新的概括，仍沿用之前社会主义建设时期的表述。在 1978 年 4 月 22 日召开的全国教育工作会议上，邓小平指出："我们的学校是为社会主义建设培养人才的地方。培养人才有没有质量标准呢？有的。这就是毛泽东同志说的，应该使受教育者在德育、智育、体育几方面都得到发展，成为有社会主义觉悟的有文化的劳动者。"② 邓小平还要求把这一方针贯彻到底，贯彻到整个社会的各个方面。他特别强调要把这个方针运用到学校招生和招工方面，要求今后大中学校招生要德智体全面考核、择优录取，各部门招工用人也要逐步实行德智体全面考核的办法，择优录用。

经过几年在建设和改革方面的实践与理论探索，中国共产党人对党的教育方针做了进一步的发展。1981 年 6 月，中国共产党第十一届中央委员会第六次全体会议通过了《关于建国以来党的若干历史问题的决议》，其中指出：要"坚持德智体全面发展、又红又专、知识分子与工人农民相结合、脑力劳动与体力劳动相结合的教育方针"③。这是对马克思主义教育与生产劳动相结合原理的新发

---

① 中共中央文献研究室刘少奇研究组，中央教育科学研究所. 刘少奇论教育 [M]. 北京：教育科学出版社，1998：67.

② 中共中央文献研究室. 邓小平论教育：第三版 [M]. 北京：人民教育出版社，2004：65.

③ 中共中央文献研究室. 三中全会以来重要文献选编：下 [M]. 北京：人民出版社，1982：842.

展。一方面,它将其具体地人格化为"知识分子与工人农民相结合";另一方面,它在对劳动的问题上将脑力劳动与体力劳动并提,体现了新时期对劳动认识的发展。1977年8月8日,邓小平在科学和教育工作座谈会上的讲话中指出:"无论是从事科研工作的,还是从事教育工作的,都是劳动者。不是讲脑力劳动、体力劳动吗?科研工作、教育工作是脑力劳动,脑力劳动也是劳动嘛。有位科学家反映,现在在农业科学院种庄稼不算劳动,要到农村种庄稼才算劳动。这真是怪事。好多农业院校自己培育品种,自己种田,怎么不是劳动?科学实验也是劳动。一定要用锄头才算劳动?一定要开车床才算劳动?自动化的生产,就是整天站在那里看仪表。这也是劳动。"① 这里,他明确提出了从事科学和教育的工作者"都是劳动者""脑力劳动也是劳动"的重要论断。

党的十四大之后,经中共中央、国务院同意并由中共中央、国务院于1993年2月13日转发的《中国教育改革和发展纲要》对党的教育方针做了新的表述,其中指出:"各级各类学校要认真贯彻'教育必须为社会主义现代化建设服务,必须与生产劳动相结合,培养德、智、体全面发展的建设者和接班人'的方针,努力使教育质量在九十年代上一个新台阶。"② 1995年3月18日,第八届全国人民代表大会第三次会议通过的《中华人民共和国教育法》,其中的第五条完整表述了党的教育方针,那就是:"教育必须为社会主义现代化建设服务,必须与生产劳动相结合,培养德、智、体等方面全面发展的社会主义事业的建设者和接班人。"③ 这个表述和《中国教育改革和发展纲要》相比较,除了更强调中国教育的社会主义性质,还在"德智体"后面加了"等方面"三个字,在对全面发展内容的概括上更加合理了。这两次关于党的教育方针的表述是结合社会主义现代化建设新时期的时代特点对教育与生产劳动相结合原理做出概括的,体现在教育培养目标上,用"建设者和接班人"代替了之前的"有社会主义觉悟的有文化的劳动者"。从实质上讲,两种表述并无不同,因为"建设者和接班人"都有社会主义前提,"建设者"是社会主义的建设者,"接班人"是社会主义的接班人,更强调要坚持教育的社会主义发展方向,而且"建设者"本身就是"劳动者"。就

---

① 中共中央文献研究室. 邓小平论教育:第三版 [M]. 北京:人民教育出版社,2004:30.
② 中共中央文献研究室. 十四大以来重要文献选编:上 [M]. 北京:人民出版社,1996:77.
③ 中共中央文献研究室. 十四大以来重要文献选编:中 [M]. 北京:人民出版社,1996:1293.

像李铁映指出的："我们的教育方针是培养社会主义现代化的建设者和接班人。为什么提建设者呢？因为我们所有的教育都是培养劳动者，包括大学教育，如果培养出来的学生不愿从事劳动，我们将把一代青年引向歧途。"[①]

21世纪前后，党的教育方针也随着素质教育理念的提出而逐渐地开始更新迭代了。在党的十五大报告中，江泽民指出："认真贯彻党的教育方针，重视受教育者素质的提高，培养德智体等全面发展的社会主义事业的建设者和接班人。"[②] 这一表述充分体现了当时教育工作重视素质教育的倾向。1999年6月13日发布的《中共中央、国务院关于深化教育改革，全面推进素质教育的决定》指出："实施素质教育，就是全面贯彻党的教育方针，以提高国民素质为根本宗旨，以培养学生的创新精神和实践能力为重点，造就'有理想、有道德、有文化、有纪律'的、德智体美等全面发展的社会主义事业建设者和接班人。""实施素质教育，必须把德育、智育、体育、美育等有机地统一在教育活动的各个环节中。学校教育不仅要抓好智育，更要重视德育，还要加强体育、美育、劳动技术教育和社会实践，使诸方面教育相互渗透、协调发展，促进学生的全面发展和健康成长。"[③] 为了实施素质教育，党和国家不仅在全面发展的教育目标中增加了美育的内容，而且进一步强调了社会实践教育的重要意义。

在1999年6月15日召开的全国教育大会上，江泽民对此阶段的教育方针做了集中概括，他指出："我们必须全面贯彻党的教育方针，坚持教育为社会主义现代化建设服务、为人民服务，坚持教育与社会实践相结合，以提高国民素质为根本宗旨，以培养学生的创新精神和实践能力为重点，努力造就有理想、有道德、有文化、有纪律的，德育、智育、体育、美育等全面发展的社会主义事业建设者和接班人。"[④]2001年5月29日，国务院发布了《关于基础教育改革与发展的决定》，将我国这一时期的教育方针做了进一步的概括，其表述为："坚持教育必须为社会主义现代化建设服务，为人民服务，必须与生产劳动和社会实践相结合，培养德智体美等全面发展的社会主义事业建设者和接班人。"[⑤] 可以看出，这个表述更加精练，

① 李铁映. 中国教育改革发展探索：上 [M]. 北京：人民教育出版社，2014：408.
② 江泽民文选：第二卷 [M]. 北京：人民出版社，2006：34.
③ 中共中央文献研究室. 十五大以来重要文献选编：中 [M]. 北京：人民出版社，2011：38.
④ 江泽民文选：第二卷 [M]. 北京：人民出版社，2006：332.
⑤ 中共中央文献研究室. 十五大以来重要文献选编：下 [M]. 北京：人民出版社，2011：93.

另外把"坚持教育与社会实践相结合"改为教育"必须与生产劳动和社会实践相结合",增加"生产劳动"四个字,把此前一直讲的"教育与生产劳动相结合"补上了。在党的十六大报告中,江泽民"基本上"①重述了《国务院关于基础教育改革与发展的决定》中关于党的教育方针的概括,指出:"全面贯彻党的教育方针,坚持教育为社会主义现代化建设服务,为人民服务,与生产劳动和社会实践相结合,培养德智体美全面发展的社会主义建设者和接班人。"②这个新表述,用"两个服务"代替了之前的"一个服务",在教育的作用方面增加了"为人民服务";用"两个结合"代替了之前的"一个结合",在人才培养方式方面增加了"和社会实践相结合";用"四育并举"代替"三育并举",在培养目标方面的"德智体"后加上"美"字,更体现了素质教育的内容。这些都是对教育方针的重大发展。

从党的十六大到党的十八大,关于党的教育方针的表述没有变化③,只是在如何贯彻方面不断提出新的要求。在党的十七大报告中,胡锦涛指出:"要全面贯彻党的教育方针,坚持育人为本、德育为先,实施素质教育,提高教育现代化水平,培养德智体美全面发展的社会主义建设者和接班人,办好人民满意的教育。"④这一表述除回答"培养什么人"的问题之外,还回答了"怎样培养人"和"为谁培养人"的问题。就"怎样培养人"问题来说,它的回答是:"坚持育人为本、德育为先","实施素质教育","提高教育现代化水平"。就"为谁培养人"的问题来说,它的回答是"办好人民满意的教育"。在党的十八大报告中,胡锦涛指出:"全面贯彻党的教育方针,坚持教育为社会主义现代化建设服务、为人民服务,把立德树人作为教育的根本任务,培养德智体美全面发展的社会主义建设者和接班人。"⑤党的十八大报告关于教育方针的表述更突出强调了立德树人的教

---

① 党的十六大关于党的教育方针的表述把《国务院关于基础教育改革与发展的决定》中关于党的教育方针表述中的两个"必须"去掉了,另外将"德智体美"后面的"等"字去掉了。

② 江泽民文选:第三卷[M]. 北京:人民出版社,2006:560.

③ 2010年7月8日经中共中央、国务院批准印发的《国家中长期教育改革和发展规划纲要》,胡锦涛2010年7月13日在全国教育工作会议上的讲话,2015年12月27日第十二届全国人民代表大会常务委员会第十八次会议修订的《中华人民共和国教育法》,都延续了党的十六大报告关于党的教育方针的表述。

④ 胡锦涛文选:第二卷[M]. 北京:人民出版社,2016:642.

⑤ 胡锦涛文选:第三卷[M]. 北京:人民出版社,2016:641.

育的根本任务。但是,这两次表述都没有就劳动教育提出具体的要求。

二、发挥教育与生产劳动相结合的育人作用

马克思在《资本论》中指出,教育与生产劳动相结合是"造就全面发展的人的唯一方法"。马克思的这一重要论断,不仅揭示了教育与生产劳动相结合的育人价值,也是中国共产党人领导开展劳动教育的重要依据。在改革开放和社会主义现代化建设新时期,中国共产党人对教育与生产劳动相结合的育人作用又做了新的阐发。

(一)教育与生产劳动相结合是培养全面发展的新人的根本途径

中国进入社会主义阶段之后特别是"文革"时期,一些教条主义者"高举"马克思主义教育与生产劳动相结合的旗帜,大搞过分强调劳动的"教育革命",使得学生参加的劳动时间过长,出现了较严重的生产劳动冲击教学的问题。对这种错误倾向,周恩来等在当时曾进行过批评。①"文革"结束后,过分强调劳动的问题得以解决,但是社会上出现了与之相对的忽视劳动教育的错误倾向,一些学校尤其是部分重点学校,强调"智育第一",为了追求升学率,甚至出现"光学习不劳动"的现象。

新时期还要不要坚持马克思主义的教育与生产劳动相结合原则?这个问题一时间成为发展教育事业需要迫切回答的重大问题。邓小平高瞻远瞩,在1978年召开的全国教育工作会议上,明确回答了在新的历史条件下如何更好贯彻教育与生产劳动相结合的方针的问题。在他看来,这是培养社会主义建设需要的合格人才必须认真研究的问题。邓小平指出:"马克思、恩格斯、列宁和毛泽东同志都非常重视教育与生产劳动的结合,认为在资本主义社会里这是改造社会的最强有力的手段之一;在无产阶级取得政权之后,这是培养理论与实际结合、学用一致、全面发展的新人的根本途径,是逐步消灭脑力劳动和体力劳动差别的重要措施。"②1981年8月,时任教育部长的蒋南翔在全国学校思想政治

---

① 1959年5月28日,周恩来在和天津大学师生谈到要保证教育质量的问题时指出:"教育与生产劳动相结合,教育是主导方面,因为学生来学校就是为了学习。我们一定要认清主导方面,认不清主导方面就没有方向,认不清主导就没有重点。"(中央教育科学研究所.周恩来教育文选[M].北京:教育科学出版社,1984:181.)

② 中共中央文献研究室.邓小平论教育:第三版[M].北京:人民教育出版社,2004:69.

教育工作会议上指出:"重视学生的劳动教育,是教育工作中的重要原则之一。组织学生参加劳动,可以培养他们的劳动观点,增进他们对劳动人民的感情,克服轻视体力劳动和体力劳动者的观点。……过去学生参加劳动太多是不对的,但现在不参加或很少参加劳动,也不利于学生的全面成长。"① 这都强调了教育与生产劳动相结合对人的全面发展的重要意义。

为了解决当时社会上存在的片面追求升学率而忽视劳动教育的问题,1988年12月25日,中共中央发布《关于改革和加强中小学德育工作的通知》,明确要求"进行劳动教育",其中指出:"认真培养学生的劳动观点、劳动习惯和勤俭节约、艰苦朴素的精神,不仅是实现学校教育目标的重要方面,而且关系着我们民族优良传统的发扬光大。要认真纠正当前一些学校忽视劳动教育的现象,从鼓励小学生参加力所能及的自我服务性劳动和家务劳动开始,把劳动和劳动技术教育作为中小学教育的一个重要内容,列入教学计划并进行考核。"②

(二)鼓励学生积极参加社会实践活动

生产劳动是社会实践的主要形式。从实质意义上说,教育与生产劳动相结合就是教育与社会实践相结合。随着生产力的发展特别是科学技术的进步,人们在物质生产方面的劳动越发减少。就劳动教育的开展来说,学生参加工农业生产劳动的机会也不多了。从20世纪80年代中叶开始,组织学生参加社会实践成为开展劳动教育的重要途径。

1987年3月3日,邓小平在会见外宾时谈到青年学生的思想不成熟问题,其中特别指出社会实践活动对学生的教育意义。他讲:"中国要实现四个现代化,摆脱落后状态,必须有一个安定团结的政治局面,必须有领导有秩序地进行建设。闹事就使我们不能安心建设,我们已经有'文化大革命'的经验教训,这样一闹,就会出现新的'文化大革命'。这次闹事的学生多半是大学一二年级,二十岁以下的青年,他们没有社会实践经验。今年放寒假回去后,几乎每个家庭都给学生上了课。他们看看左邻右舍,同时又跑了一些地方,看到这几年搞的事情对每个家庭都有好处。所以,很多人回校后承认他们原来的认识和行动不

---

① 蒋南翔. 坚持社会主义的教育方向 [M]. 北京:人民教育出版社,1987:154.
② 中共中央文献研究室. 十三大以来重要文献选编:上 [M]. 北京:人民出版社,1991:367.

对。"①

在 1994 年 6 月 14 日召开的全国教育工作会议上,江泽民在谈到教育与生产劳动相结合时对学生参加劳动和社会实践问题做了专门论述。他指出:"教育与生产劳动相结合是坚持社会主义教育方向的一项基本措施。……事实证明,如果只是让学生关起门来读书,不参加劳动,不接触社会实践,不了解工人农民是怎样辛勤创造社会财富的,不培养劳动人民感情,是不利于他们健康成长和全面发展的。"②因此,江泽民要求学生适当参加一些物质生产劳动,应当把参加生产劳动作为一门必修课,而不是可有可无。他还特别强调,对这一点要务必须充分认识和高度重视。在 2010 年 7 月 13 日召开的全国教育工作会议上,胡锦涛也就社会实践促进学生全面发展的问题做了论述,他指出:"要促进学生全面发展,优化知识结构,丰富社会实践,加强劳动教育。"③

1999 年 6 月 13 日,中共中央和国务院联合发布了《关于深化教育改革全面推进素质教育的决定》,就通过社会实践促进学生的素质教育提出了全方位、具体化的要求,指出:"各级各类学校要从实际出发,加强和改进对学生的生产劳动和实践教育,使其接触自然、了解社会,培养热爱劳动的习惯和艰苦奋斗的精神。建立青少年参与社区服务和社区建设的制度。中小学要鼓励学生积极参加形式多样的课外实践活动,培养动手能力;职业学校要实行产教结合,鼓励学生在实践中掌握职业技能;高等学校要加强社会实践,组织学生参加科学研究、技术开发和推广活动以及社会服务活动。利用假期组织志愿者到城乡支工、支农、支医和支教。社会各方面要为学校开展生产劳动、科技活动和其他社会实践活动提供必要的条件,同时要加强学生校外劳动和社会实践基地的建设。"④

三、实现教育与生产劳动相结合的社会意义

马克思主义的教育与生产劳动相结合原理,在培养全面发展的人方面有不可或缺的作用,同时它对经济社会发展也具有十分重要的意义。马克思在《资本论》中认为教育与生产劳动相结合是"提高社会生产的一种方法";在《哥达

---

① 中共中央文献研究室. 邓小平论教育:第三版 [M]. 北京:人民教育出版社,2004:194.
② 江泽民文选:第一卷 [M]. 北京:人民出版社,2006:372.
③ 胡锦涛文选:第三卷 [M]. 北京:人民出版社,2016:421.
④ 中共中央文献研究室. 十五大以来重要文献选编:中 [M]. 北京:人民出版社,2011:41.

纲领批判》中,马克思又说教育与生产劳动相结合是"改造现代社会的最强有力的手段之一"。在改革开放和现代化建设新时期,中国共产党人在这方面也进行了深入探索。

邓小平在谈到如何在新的历史条件下解决马克思主义的教育与劳动相结合方针问题时认为,各级各类学校对于"学生参加什么样的劳动""怎样下厂下乡""花多少时间""怎样同教学密切结合"等问题,固然要有恰当的安排,但是,"更重要的是整个教育事业必须同国民经济发展的要求相适应。不然,学生学的和将来要从事的职业不相适应,学非所用,用非所学,岂不是从根本上破坏了教育与生产劳动相结合的方针?那又怎么可能调动学生学习和劳动的积极性,怎么可能满足新的历史时期向教育工作提出的巨大要求?"如何做到整个教育事业能够跟国民经济发展的要求相适应?邓小平指出:"国家计委、教育部和各部门,要共同努力,使教育事业的计划成为国民经济计划的一个重要组成部分。"因此,在制订人才培养的计划的过程中,"我们不但要看到近期的需要,而且必须预见到远期的需要;不但要依据生产建设发展的要求,而且必须充分估计到现代科学技术的发展趋势"[①]。这主要体现为以下两个方面。

(一)"大力发展职业技术教育"

如何根据国民经济发展要求制订教育事业的计划呢?邓小平有专门的论述,其中首要的一条,就是各级各类学校发展比例的调整问题。邓小平指出:"这个计划,应该考虑各级各类学校发展的比例,特别是扩大农业中学、各种中等专业学校、技工学校的比例。"[②] 就是说,调整各级各类学校发展比例,首先要改革中等教育结构,大力发展职业技术教育。邓小平的这一指示发布后,国家经过几年的探索,形成了比较成熟的经验。1985年5月27日,中共中央发布了《关于教育体制改革的决定》,其中有专门一部分对"调整中等教育结构,大力发展职业技术教育"做了系统论述。

从《关于教育体制改革的决定》的相关内容来看,其发展策略分为两方面:一是要在量上发展,充分发掘现有职业技术学校的潜力,扩大招生,然后有计划地新办这类学校、将普通高中改为职业高中或增设职业班等。二是要在质上发

---

① 中共中央文献研究室. 邓小平论教育:第三版 [M]. 北京:人民教育出版社,2004:70.
② 中共中央文献研究室. 邓小平论教育:第三版 [M]. 北京:人民教育出版社,2004:70.

展,具体的要求有:"中等职业技术教育要同经济和社会发展的需要密切结合起来,在城市要适应提高企业的技术、管理水平和发展第三产业的需要,在农村要适应调整产业结构和农民劳动致富的需要。""发展职业技术教育要以中等职业技术教育为重点,发挥中等专业学校的骨干作用,同时积极发展高等职业技术院校,……逐步建立起一个从初级到高级、行业配套、结构合理又能与普通教育相互沟通的职业技术教育体系。"①

江泽民和胡锦涛也都很重视职业技术教育的发展,他们在新时期的不同阶段对此都做了专门论述。江泽民强调:"对于不能进入高等教育行列进行学习的城乡学生和其他群众,应该通过大办各级各类职业技术学校,广泛吸收他们学习和掌握一门或几门生产技术和管理、服务方面的技能,而不要使未能进入高等学校学习的普通中学生只具有一般的语文和数理化知识。如果能学到一门或几门实用的专业技能,就拓宽了他们立业创业之路,对农村和城市的发展和稳定将会起到重要推动作用。因此,努力办好各级各类职业技术教育,是一篇大文章。现在,中等职业技术教育虽然已经有了发展,但总体来说,还刚刚开始做。各地区各部门要狠狠抓它十年、二十年,必会大见成效。"② 之后,胡锦涛又结合新的实际对此问题做了进一步的要求,他指出:"要加快普及高中阶段教育,合理确定普通高中和中等职业学校招生比例,全面提高普通高中学生综合素质,推动普通高中多样化发展。要大力发展职业教育,加快发展面向农村的职业教育,形成适应经济发展方式转变和产业结构调整要求、体现终身教育理念、中等和高等职业教育协调发展的现代职业教育体系,着力培养学生职业道德、职业技能、就业创业能力。"③

(二)"尊重劳动、尊重知识、尊重人才、尊重创造"

马克思讲教育与生产劳动相结合是"提高社会生产的一种方法",是因为两者的结合可以促进科学技术的进步。在新时期,中国共产党人特别重视教育、科技对发展社会主义现代化建设事业的重要作用。

邓小平深刻认识到经济、科技与教育的关系,明确提出了"尊重知识,尊重

① 教育改革重要文献选编 [M]. 北京:人民教育出版社,1986:21-22.
② 江泽民文选:第二卷 [M]. 北京:人民出版社,2006:333.
③ 胡锦涛文选:第三卷 [M]. 北京:人民出版社,2016:420.

人才"的口号。他指出:"我们要实现现代化,关键是科学技术要能上去。发展科学技术,不抓教育不行。靠空讲不能实现现代化,必须有知识,有人才。没有知识,没有人才,怎么上得去? ……一定要在党内造成一种空气:尊重知识,尊重人才。要反对不尊重知识分子的错误思想。"①为此,邓小平要求提高科研人员和教育工作者的政治地位和社会地位,同时给他们创造条件,改善他们的物质待遇,切实帮助他们解决一些具体问题,以调动科学和教育工作者的积极性。1984年10月20日,中共中央发布了《关于经济体制改革的决定》,其中指出:"中央已经多次指出,进行社会主义现代化建设必须尊重知识、尊重人才,同一切轻视科学技术、轻视智力开发、轻视知识分子的思想和行为作斗争,坚决纠正许多地方仍然存在的歧视知识分子的状况,采取有力措施提高知识分子的社会地位,改善他们的工作条件和生活待遇。"②

江泽民和胡锦涛也非常重视科技、教育对经济社会发展的重大作用。江泽民指出:"科学技术是第一生产力。振兴经济首先要振兴科技。……科技进步、经济繁荣和社会发展,从根本上说取决于提高劳动者的素质,培养大批人才。我们必须把教育摆在优先发展的战略地位,努力提高全民族的思想道德和科学文化水平,这是实现我国现代化的根本大计。"③他不仅明确了教育对科技和经济社会发展的根本性意义,还把教育优先发展作为一项战略,借此提高劳动者素质,进而推动科技和经济的发展。对于教育的地位和作用给予高度重视。2002年,中共中央、国务院制定下发了《2002—2005年全国人才队伍建设规划纲要》,首次提出"人才强国战略"。胡锦涛指出,实现国家未来的发展和中华民族伟大复兴,人才是关键,教育是其基础。他强调,在党和国家工作的全局中,"必须始终把教育摆在优先发展的战略地位",优先发展教育是贯彻落实科学发展观的基本要求,必须确保经济社会发展规划优先考虑教育发展,财政资金要优先保障教育投入,公共资源也要优先满足教育和人力资源开发的需求。同时,他还要求迅速建立科学规范的制度。④

---

① 中共中央文献研究室. 邓小平论教育:第三版 [M]. 北京:人民教育出版社,2004:25-26.
② 教育改革重要文献选编 [M]. 北京:人民教育出版社,1986:84.
③ 江泽民文选:第一卷 [M]. 北京:人民出版社,2006:232-233.
④ 胡锦涛文选:第三卷 [M]. 北京:人民出版社,2016:419.

　　江泽民、胡锦涛对教育、科技作用的强调,充分体现了中国共产党人对劳动和创造的高度重视。在党的十六大报告中,江泽民指出:"必须尊重劳动、尊重知识、尊重人才、尊重创造。"他要求把"四个尊重"作为党和国家的一项重大方针在全社会认真贯彻,还同时强调,要尊重和保护一切有益于人民和社会的劳动。不论是体力劳动还是脑力劳动,不论是简单劳动还是复杂劳动,一切为中国社会主义现代化建设作出贡献的劳动,"都是光荣的,都应该得到承认和尊重"①。这不仅明确了尊重劳动的要求,还把"四个尊重"作为党和国家的一项重要方针。自此以后,"四个尊重"写进了党的十七大、十八大报告,也写进了党的十九大报告、二十大报告后修订的党章,不仅大大丰富了"尊重知识、尊重人才"的思想,也是对马克思主义"劳动创造一切"观点的发展。

第四节　教育与生产劳动相结合原则在新时代的创新发展

　　党的十八大以来,中国特色社会主义进入新时代。习近平总书记作为党中央的核心、全党的核心,曾多次就劳动和劳动教育问题做出重要论述,为劳动教育的开展提供了根本遵循。习近平关于劳动和劳动教育的重要论述,不仅坚持了马克思主义的教育与生产劳动相结合原理以及人的全面发展思想,而且继承了中华优秀传统文化的相关内容,又在结合新时代教育实践的基础上进行了理论创新,是习近平新时代中国特色社会主义思想的重要内容之一,也是"两个结合"的重要成果。

一、"劳动是财富的源泉,也是幸福的源泉"

　　劳动教育的核心是关于劳动价值观的教育。就劳动价值观来说,马克思和恩格斯两位革命导师从历史唯物主义、政治经济学和教育学原理三个方面进行过诠释。他们从历史唯物主义角度指出了劳动的创造意义,把它作为人类历史的出发点;从政治经济学角度论证了劳动创造商品价值的观点;从教育学原理角度强调通过教育与生产劳动相结合实现人的全面发展和自由解放。习近

---

① 江泽民文选:第三卷 [M]. 北京:人民出版社,2006:540.

平关于劳动和劳动教育的论述,继承和发展了马克思和恩格斯的这些方面的思想,认为劳动是推动人类社会进步的根本力量,是一切成功的必经之路,他还结合新时代追求幸福美好生活的特点,提出了"劳动创造幸福"的观点,指出:"劳动是财富的源泉,也是幸福的源泉。"① 又说:"幸福不是毛毛雨,幸福不是免费午餐,幸福不会从天而降。人世间的一切成就、一切幸福都源于劳动和创造。"② 习近平还强调:"实现我们的奋斗目标,开创我们的美好未来,必须紧紧依靠人民、始终为了人民,必须依靠辛勤劳动、诚实劳动、创造性劳动。"③ 辛勤劳动、诚实劳动、创造性劳动是我们幸福生活的保证。

(一)辛勤劳动

要创造幸福的生活,必须依靠辛勤劳动。习近平指出:"'功崇惟志,业广惟勤。'……实现中国梦,创造全体人民更加美好的生活,任重而道远,需要我们每一个人继续付出辛勤劳动和艰苦努力。"④ 他多次强调,实现中华民族伟大复兴的中国梦,最终要靠全体人民的辛勤劳动,还特别要求广大的青少年:"不要养成贪吃懒做、好逸恶劳、游手好闲、投机取巧、坐享其成等错误观念。"⑤ 辛勤劳动所体现的是艰苦奋斗的精神。习近平多次寄语青年,勉励他们艰苦奋斗,做新时代的奋斗者。2016 年 4 月 26 日,习近平在知识分子、劳动模范、青年代表座谈会上发表了重要讲话。他指出:"要坚持艰苦奋斗,不贪图安逸,不惧怕困难,不怨天尤人,依靠勤劳和汗水开辟人生和事业前程。'看似寻常最奇崛,成如容易却艰辛。'"⑥ 2017 年 8 月 15 日,习近平在给大学生的一封回信中指出:"实现全面建成小康社会奋斗目标,实现社会主义现代化,实现中华民族伟大复兴,需要一批又一批德才兼备的有为人才为之奋斗。"⑦ 他还引用了古语"艰难

① 习近平谈治国理政 [M]. 北京:外文出版社,2014:46.
② 习近平. 论党的青年工作 [M]. 北京:中央文献出版社,2022:103.
③ 习近平谈治国理政 [M]. 北京:外文出版社,2014:44.
④ 习近平谈治国理政 [M]. 北京:外文出版社,2014:41.
⑤ 中共中央文献研究室. 习近平关于青少年和共青团工作论述摘编 [M]. 北京:中央文献出版社,2017:23.
⑥ 中共中央文献研究室. 习近平关于青少年和共青团工作论述摘编 [M]. 北京:中央文献出版社,2017:37.
⑦ 习近平书信选集:第一卷 [M]. 北京:中央文献出版社,2022:127.

困苦,玉汝于成"。在这封信中,他给大学生提出希望,希望他们"扎根中国大地了解国情民情,在创新创业中增长智慧才干,在艰苦奋斗中锤炼意志品质"①。2018年5月2日,习近平在北京大学师生座谈会上的讲话中说:"幸福都是奋斗出来的,奋斗本身就是一种幸福。……为实现中华民族伟大复兴的中国梦而奋斗,是我们人生难得的际遇。每个青年都应该珍惜这个伟大时代,做新时代的奋斗者。"②

（二）诚实劳动

习近平特别重视诚实劳动的作用。他指出:"人世间的美好梦想,只有通过诚实劳动才能实现;发展中的各种难题,只有通过诚实劳动才能破解;生命里的一切辉煌,只有通过诚实劳动才能铸就。劳动创造了中华民族,造就了中华民族的辉煌历史,也必将创造出中华民族的光明未来。"③在习近平看来,诚实劳动所体现的是不尚空谈的实干精神。他指出:"我们说'空谈误国,实干兴邦',实干首先就要脚踏实地劳动。"④习近平要求青年大学生切实力行、知行合一、做实干家。他提出,每一项事业,不论大小,都是靠脚踏实地、一点一滴干出来的。习近平寄望广大青年:"要努力成为有理想、有学问、有才干的实干家,在新时代干出一番事业。"他还分享了自己在长期工作中最深切的体会,那就是:"社会主义是干出来的。"⑤诚实劳动在教育方面的要求就是重视实践育人。习近平热情鼓励青年到基层去工作。他提出:要"重视实践育人,坚持教育同生产劳动和社会实践相结合,广泛开展各类社会实践,让学生在亲身参与中认识国情、了解社会,受教育、长才干"⑥。2014年4月25日,习近平在给河北保定学院西部支教毕业生群体代表的回信中指出:"希望越来越多的青年人以你们为榜样,到基层和人民中去建功立业,让青春之花绽放在祖国最需要的地方,在实现中国梦的伟

---

① 习近平书信选集:第一卷 [M]. 北京:中央文献出版社,2022:128.

② 习近平. 论党的青年工作 [M]. 北京:中央文献出版社,2022:148.

③ 习近平谈治国理政 [M]. 北京:外文出版社,2014:46.

④ 习近平谈治国理政 [M]. 北京:外文出版社,2014:44.

⑤ 习近平. 论党的青年工作 [M]. 北京:中央文献出版社,2022:149.

⑥ 中共中央文献研究室. 习近平关于青少年和共青团工作论述摘编 [M]. 北京:中央文献出版社,2017:77.

大实践中书写别样精彩的人生。"①

（三）创造性劳动

著名教育家苏霍姆林斯基指出："人类的劳动是一种创造性的劳动，这种认识应当贯穿于整个教育过程中。"②对于劳动和创造，习近平是并在一起强调的。他指出："劳动是人类的本质活动，劳动光荣、创造伟大是对人类文明进步规律的重要诠释。'民生在勤，勤则不匮。'中华民族是勤于劳动、善于创造的民族。正是因为劳动创造，我们拥有了历史的辉煌；也正是因为劳动创造，我们拥有了今天的成就。"③他又提出："在我们社会主义国家，一切劳动，无论是体力劳动还是脑力劳动，都值得尊重和鼓励；一切创造，无论是个人创造还是集体创造，也都值得尊重和鼓励。全社会都要贯彻尊重劳动、尊重知识、尊重人才、尊重创造的重大方针，全社会都要以辛勤劳动为荣、以好逸恶劳为耻，任何时候任何人都不能看不起普通劳动者，都不能贪图不劳而获的生活。"习近平还发出号召："让劳动光荣、创造伟大成为铿锵的时代强音，让劳动最光荣、劳动最崇高、劳动最伟大、劳动最美丽蔚然成风。要教育孩子们从小热爱劳动、热爱创造，通过劳动和创造播种希望、收获果实，也通过劳动和创造磨炼意志、提高自己。"④习近平特别指出了创造性劳动对于实现中国梦的重大意义。习近平在给北京市八一学校科普小卫星研制团队学生的回信中对团队的同学们说："希望你们保持对知识的渴望，保持对探索的兴趣，培育科学精神，刻苦学习，努力实践，带动更多青少年讲科学、爱科学、学科学、用科学，努力成长为祖国的栋梁之材，将来更好为实现中华民族伟大复兴的中国梦贡献力量。"⑤

二、"大力弘扬劳模精神、劳动精神、工匠精神"

发挥榜样的引领作用，是开展劳动教育的重要手段之一。苏联教育家苏霍

---

① 习近平书信选集：第一卷[M]．北京：中央文献出版社，2022：34-35．
② 肖甦生．苏霍姆林斯基教育智慧格言[M]．北京：人民教育出版社，2014：254．
③ 习近平．在庆祝"五一"国际劳动节暨表彰全国劳动模范和先进工作者大会上的讲话[N]．人民日报，2015-4-29（002）．
④ 习近平．在庆祝"五一"国际劳动节暨表彰全国劳动模范和先进工作者大会上的讲话[N]．人民日报，2015-4-29（002）．
⑤ 习近平书信选集：第一卷[M]．北京：中央文献出版社，2022：105．

姆林斯基在总结自己开展劳动教育的经验时指出："与优秀劳动者的会面有助于孩子们参与劳动集体的生活,有助于丰富他们的精神生活。"① 习近平在推进劳动教育工作方面,非常重视榜样的精神引领作用。在他看来,精神的力量是无穷的,实现中国在新时代的发展目标,不仅要在物质上强大起来,而且要在精神上强大起来。习近平多次强调,要大力弘扬劳模精神、劳动精神和工匠精神。2023 年 10 月 23 日,习近平在同中华全国总工会新一届领导班子成员集体谈话时发表了重要讲话。他在讲话中指出:"要大力弘扬劳模精神、劳动精神、工匠精神,发挥好劳模工匠示范引领作用,激励广大职工在辛勤劳动、诚实劳动、创造性劳动中成就梦想。"②

(一)劳模精神

习近平在很多场合的讲话特别是在每年"五一"国际劳动节来临之前的讲话中,对劳动模范的杰出贡献和劳模精神的重要价值都进行过深刻阐述。对于劳动模范,自党的十八大以来,习近平曾经用过这样一些表述,如"民族的精英、人民的楷模""坚持中国道路、弘扬中国精神、凝聚中国力量的楷模""我国劳动人民的杰出代表,是祖国和人民的骄傲""劳动群众的杰出代表""最美的劳动者""共和国的功臣",等等,充分肯定了这个群体的崇高地位。他认为,劳动模范"以高度的主人翁责任感、卓越的劳动创造、忘我的拼搏奉献,为全国各族人民树立了学习的榜样"③。中国的劳动模范在长期的实践中创造了伟大的劳模精神。2013 年 4 月 28 日,习近平在同全国劳动模范代表座谈时的讲话中,对劳模精神做了明确概括,那就是:"爱岗敬业、争创一流,艰苦奋斗、勇于创新,淡泊名利、甘于奉献。"④ 他认为,劳模精神生动诠释了社会主义核心价值观,是我们的宝贵精神财富和强大精神力量,丰富了民族精神和时代精神的内涵。习近平还要求,在全社会广泛宣传劳模先进事迹,使劳模精神不断发扬光大。

---

① 苏霍姆林斯基.苏霍姆林斯基论劳动教育 [M].萧勇,杜殿坤,译.北京:教育科学出版社,2019:64.

② 习近平在同中华全国总工会新一届领导班子成员集体谈话时强调 坚持党对工会的全面领导 组织动员亿万职工积极投身强国建设民族复兴伟业 [N].人民日报,2023-10-24(001).

③ 习近平.在庆祝"五一"国际劳动节暨表彰全国劳动模范和先进工作者大会上的讲话 [N].人民日报,2015-4-29(002).

④ 习近平谈治国理政 [M].北京:外文出版社,2014:46.

（二）劳动精神

2014 年 4 月 30 日，习近平在接见劳动模范和先进工作者、先进人物代表时，首次提出"劳动精神"的概念。他指出："我们要在全社会大力弘扬劳动光荣、知识崇高、人才宝贵、创造伟大的时代新风，促使全体社会成员弘扬劳动精神，推动全社会热爱劳动、投身劳动、爱岗敬业，为改革开放和社会主义现代化建设贡献智慧和力量。"① 这里的劳动精神，有崇尚劳动和热爱劳动的内涵。2018 年 9 月 10 日，在全国教育大会上，习近平指出："要在学生中弘扬劳动精神，教育引导学生崇尚劳动、尊重劳动，懂得劳动最光荣、劳动最崇高、劳动最伟大、劳动最美丽的道理，长大后能够辛勤劳动、诚实劳动、创造性劳动。"② 在这里，习近平用"四个最"的表述深刻诠释了劳动精神的丰富内涵。2020 年 11 月 24 日，在全国劳动模范和先进工作者表彰大会上，习近平将劳动精神明确概括为十六个字，那就是："崇尚劳动、热爱劳动、辛勤劳动、诚实劳动。"③ 这一概括，从劳动价值、劳动态度、劳动品德的角度，将此前关于劳动精神的概括进行了创造性的综合。

（三）工匠精神

2016 年 4 月 26 日，在"五一"国际劳动节到来之际，习近平在安徽主持召开了知识分子、劳动模范、青年代表座谈会，对工匠精神做出专门论述。他提出："无论从事什么劳动，都要干一行、爱一行、钻一行。在工厂车间，就要弘扬'工匠精神'，精心打磨每一个零部件，生产优质的产品。"④ 在之后的很多场合，习近平多次对工匠精神做出论述，旨在培养高素质的技术技能人才，建设知识型、技能型、创新型劳动者大军。他强调："要更加重视青年人才培养，努力造就一批具有世界影响力的顶尖科技人才，稳定支持一批创新团队，培养更多高素质技术技能人才、能工巧匠、大国工匠。"⑤2020 年 11 月 24 日，习近平在全国劳动

① 新华社. 习近平在乌鲁木齐接见劳动模范和先进工作者、先进人物代表 向全国广大劳动者致以"五一"节问候 [J]. 兵团工运, 2014（5）:4.

② 习近平. 论党的宣传思想工作 [M]. 北京:中央文献出版社, 2020:350.

③ 习近平. 在全国劳动模范和先进工作者表彰大会上的讲话 [N]. 人民日报, 2020-11-25（002）.

④ 习近平. 在知识分子、劳动模范、青年代表座谈会上的讲话 [N]. 人民日报, 2016-4-30（002）.

⑤ 习近平著作选读:第二卷 [M]. 北京:人民出版社, 2023:474.

模范和先进工作者表彰大会上的重要讲话中,对工匠精神也做了十六个字的概括,那就是"执着专注、精益求精、一丝不苟、追求卓越"①。这是他对之前关于工匠精神阐发的理论升华。

三、"培养德智体美劳全面发展的社会主义建设者和接班人"

从新中国成立后的历史来看,中国共产党人对马克思主义教育与生产劳动相结合思想的贯彻与发展,总是或显或隐地体现在不同时期的教育方针里,特别体现在其中对教育目标的表述上。中国自进入社会主义阶段后②至改革开放和现代化建设新时期之初的教育方针,对教育与生产劳动相结合思想的贯彻是清楚可见的,因为其中关于教育目标的表述是培养"有社会主义觉悟的有文化的劳动者"。但是,自1993年的《中国教育改革和发展纲要》至2018年全国教育大会召开之前,教育方针中反映的教育与生产劳动相结合思想就不甚明显了,此阶段的教育目标是要培养"社会主义事业的建设者和接班人"。"劳动者"与"建设者和接班人"虽说在本质上没有区别,但表述的不同说明了一些问题。有论者认为:"与'劳动者'相比,'建设者与接班人'的提法更强调人才的专业性与政治性,这一导向完全符合当今社会发展与科技进步的大趋势,但也在一定程度上造成大学生没有成为普通劳动者的心理准备,甚至看不起普通劳动和普通劳动者。"③过去一段时期的教育方针中关于培养目标的表述,在一定程度上使得一些学生没有建立起成为劳动者的思想自觉。在一些青少年当中,出现了不珍惜劳动成果、不想劳动、不会劳动的现象。这是新时代教育发展要着力解决的问题。

在2018年9月10日召开的全国教育大会上,习近平发表了重要讲话。他指出:"党中央经过慎重研究,决定把劳动教育纳入社会主义建设者和接班人

---

① 习近平. 在全国劳动模范和先进工作者表彰大会上的讲话 [N]. 人民日报, 2020-11-25（002）.

② 中国在进入社会主义阶段前,关于人才培养目标的表述不是"劳动者"。1950年7月召开的第一次全国高等教育会议,提出的培养目标是"具有高度文化水平的、掌握现代科学和技术的成就的、全心全意为人民服务的、高级的国家建设人才"。（何东昌. 中华人民共和国重要教育文献（1949—1975）[M]. 海口：海南出版社, 1998：42.）

③ 刘向兵,等. 新时代劳动教育论纲 [M]. 北京：社会科学文献出版社, 2019：64.

的要求之中,提出'德智体美劳'的总体要求。"① 自此以后,劳动教育成为教育方针的内容之一,也使教育方针的表述从之前的"四育并举"转变为"五育并举"②。在 2016 年 12 月 7 日召开的全国高校思想政治工作会议上,习近平曾指出:"我国高等教育肩负着培养德智体美全面发展的社会主义事业建设者和接班人的重大任务,必须坚持正确政治方向。"③ 当然,习近平在讲"四育并举"的同时,也特别强调劳动教育的作用。2014 年 4 月 4 日,习近平在参加首都义务植树活动时,勉励一起植树的少先队员:"努力做到德智体美全面发展,在努力学习的同时,树立劳动观念、劳动意识、劳动习惯,热爱劳动,强健体魄,长大以后通过辛勤劳动为建设祖国贡献力量。"④ 这为之后在全国教育大会上提出"五育并举"的教育方针打下了基础。全国教育大会后,习近平在各种讲话中经常强调"五育并举"。在党的二十大报告中,他指出:"育人的根本在于立德。全面贯彻党的教育方针,落实立德树人根本任务,培养德智体美劳全面发展的社会主义建设者和接班人。"⑤

以习近平同志为核心的党中央把劳动教育纳入党的教育方针,意在发挥劳动在综合育人中的作用。习近平在每年参加的义务植树活动以及"六一"儿童节的讲话中,都强调让孩子们从小培养劳动意识、劳动观念以及劳动习惯。2022 年 3 月 30 日,习近平在参加首都义务植树活动时叮嘱一同劳动的孩子们,"要德智体美劳全面发展,不能忽视'劳'的作用,要从小培养劳动意识"⑥。对于

---

① 习近平. 论党的宣传工作 [M]. 北京:中央文献出版社,2020:350.

② 关于"五育并举"的说法,在 2018 年全国教育大会之前也有过,但一直没有将其明确为党的指导方针。这也是可以理解的,毕竟那时在大多数人看来,美育和劳动教育可以包括在德智体"三育"之内,但后来又有人主张美育不能包括在"三育"中,于是教育方针不断调整,先是在"德智体"后面加一"等"字,后"德智体美"并提。对此,李岚清曾有专门说明。(李岚清. 李岚清教育访谈录 [M]. 北京:人民教育出版社,2003:313–314.)

③ 习近平. 论党的宣传工作 [M]. 北京:中央文献出版社,2020:276.

④ 霍小光,陈菲. 习近平在参加首都义务植树活动时强调 一代人接着一代人干下去 坚定不移爱绿植绿护绿 [J]. 国土绿化,2014(4):5.

⑤ 习近平著作选读:第一卷 [M]. 北京:人民出版社,2023:28.

⑥ 新华社. 习近平在参加首都义务植树活动时强调 全社会都做生态文明建设的实践者推动者 让祖国天更蓝 山更绿 水更清 生态环境更美好 李克强栗战书汪洋王沪宁赵乐际韩正王岐山参加 [J]. 国土绿化,2022(4):4–5.

劳动在综合育人中的作用,习近平指出:"劳动可以树德、可以增智、可以强体、可以育美。"①2023年5月31日,习近平在北京育英学校考察期间对劳动"树德""增智"的作用进行了专门论述,其中还引述了中国的名言、诗文来说明。他强调:"很多知识和道理都来自劳动、来自生活。引导孩子们从小树立劳动观念,培养劳动习惯,提高劳动能力,有利于他们更好地学习知识。现在一些城里的孩子接触农村、接触大自然少,不光'四体不勤',而且'五谷不分',对吃的是什么、从哪里来的、怎么来的都不知道,更体会不到'谁知盘中餐,粒粒皆辛苦'。"他对同学们说:"认识大自然,首先要从认识身边的植物开始。同学们栽培的各种植物,虽然书本上都有介绍,但大家亲手种、亲自培育、跟踪观察,收获肯定是不一样的。"他还希望同学们,要"从'学农'中感受到农作的艰辛和农民的不易,从小养成热爱劳动、珍爱粮食、尊重自然的良好习惯,为建设美丽中国作贡献"。②

本章小结

中国共产党人是中华优秀传统文化的忠实继承者和弘扬者,在团结、带领中国人民进行革命、建设、改革的历史实践中,创造性地推进马克思主义基本原理同中国具体实际相结合、同中华优秀传统文化相结合,不断推进马克思主义中国化、时代化。就劳动教育而言,中国共产党始终坚持以马克思主义教育与生产劳动相结合的基本原理为指导,激活了中国传统劳动教育思想中包括耕读结合在内的优秀因子,在领导开展劳动教育的实践中不断赋予其新的时代内涵,为各个时期开展劳动教育提供了根本遵循。

在新民主主义革命时期,中国共产党人在领导反帝反封建的伟大实践中,自觉站在劳苦大众的立场开展教育工作,宣扬并实践马克思主义关于教育与生产劳动相结合的思想,取得了一些创新性的成果。这些成果的集中体现就是第一次明确提出了包含"使教育与劳动联系起来"思想的文化教育总方针。这一

①　习近平. 论党的宣传工作 [M]. 北京:中央文献出版社,2020:351.

②　新华社. 习近平在北京育英学校考察时强调 争当德智体美劳全面发展的新时代好儿童 向全国广大少年儿童祝贺"六一"国际儿童节快乐[EB/OL]. (2023-05-31)[2024-07-11]. http://www.news.cn/politics/leaders/2023-05/31/c_1129660307.htm.

文化教育方针不仅是对过去一段时间经验的总结，也是对《共产党宣言》"把教育同物质生产结合起来"思想的运用和发展。其主要有三方面的内容：一是让工农群众接受教育，提高他们的文化水平；二是让干部和知识分子参加生产，成为劳动者；三是倡导知识分子和工农群众相结合。

从新中国成立到党的十一届三中全会这一段时期，中国共产党人关于教育与生产劳动相结合的思想又有了新的发展。这集中体现于不同阶段的教育方针里。新中国成立初期的一段时间，中国共产党实行的是"为工农服务，为生产建设服务"的新民主主义的教育方针。社会主义改造完成后，中国进入了社会主义时代。中国共产党人又提出了新的教育方针，有两个概括：一是毛泽东在《关于正确处理人民内部矛盾的问题》一文中正式提出的。它的表述是："我们的教育方针，应该使受教育者在德育、智育、体育几方面都得到发展，成为有社会主义觉悟的有文化的劳动者。"二是1958年9月19日中共中央和国务院联合发布的《关于教育工作的指示》中指出："党的教育工作方针，是教育为无产阶级的政治服务，教育与生产劳动结合。"这两个概括所包含的思想观点有：把教育与生产劳动相结合原则与人的全面发展思想统一起来；倡导"劳动人民要知识化，知识分子要劳动化"。

党的十一届三中全会以后，中国进入了改革开放和现代化建设的新时期，以邓小平、江泽民、胡锦涛为主要代表的中国共产党人，根据新的时代要求，继续推进马克思主义的教育与生产劳动相结合原理的发展。它主要体现为党的教育方针的发展，其中有代表性的有三次：第一次是《关于建国以来党的若干历史问题的决议》的概括，它的表述是："坚持德智体全面发展、又红又专、知识分子与工人农民相结合、脑力劳动与体力劳动相结合的教育方针。"第二次是《中国教育改革和发展纲要》概括的，它的表述是："教育必须为社会主义现代化建设服务，必须与生产劳动相结合，培养德、智、体全面发展的建设者和接班人。"第三次是党的十六大报告，其表述为："全面贯彻党的教育方针，坚持教育为社会主义现代化建设服务，为人民服务，与生产劳动和社会实践相结合，培养德智体美全面发展的社会主义建设者和接班人。"这句话主要包含以下两方面的内容：发挥教育与生产劳动相结合的育人作用；实现教育与生产劳动相结合的社会意义。

党的十八大以来，中国特色社会主义进入新时代。以习近平同志为核心的党中央高度重视劳动和劳动教育问题，对此做了大量论述，为新时代劳动教育的开展提供了根本遵循。在劳动价值观教育方面,他提出"劳动是财富的源泉,也是幸福的源泉"的观点,认为要创造美好的幸福生活"必须依靠辛勤劳动、诚实劳动、创造性劳动";在开展劳动教育的方式方面,他主张发挥劳模以及大国工匠的精神引领作用,提出要"大力弘扬劳模精神、劳动精神、工匠精神";在教育目标方面,他通过拓展教育方针提出"全面贯彻党的教育方针,落实立德树人根本任务,培养德智体美劳全面发展的社会主义建设者和接班人"。他关于劳动和劳动教育的重要论述,坚持了马克思主义的教育与生产劳动相结合原理以及人的全面发展思想,继承了中华优秀传统文化的相关内容,又在新时代教育实践的基础上进行了理论创新,是习近平新时代中国特色社会主义思想的重要内容之一,也是"两个结合"的重要成果。

参考文献

[1] 陈独秀. 陈独秀文集:第二卷 [M]. 北京:人民出版社,2013.

[2] 陈元晖,璩鑫圭,邹光威. 老解放区教育资料:一 [M]. 北京:教育科学出版社,1981.

[3] 成有信. 现代教育论集 [M]. 北京:人民教育出版社,2002.

[4] 邓中夏. 邓中夏全集:上 [M]. 北京:人民出版社,2014.

[5] 杜威. 民主主义与教育 [M]. 王承绪,译. 北京:人民教育出版社,2001.

[6] 杜威. 学校与社会•明日之学校 [M]. 赵祥麟,任钟印,吴志宏,译. 北京:人民教育出版社,2005.

[7] 斐斯泰洛齐. 林哈德和葛笃德:下 [M]. 北京编译社,译. 北京:人民教育出版社,2005.

[8] 傅立叶. 傅立叶选集:第三卷 [M]. 冀甫,译. 北京:商务印书馆,1964.

[9] 韩延明,王振中. 教育学 [M]. 北京:教育科学出版社,1991.

[10] 何东昌. 中华人民共和国重要教育文献(1949—1975) [M]. 海口:海南出版社,1998.

[11] 胡锦涛文选:第二卷 [M]. 北京:人民出版社,2016.

[12] 胡锦涛文选:第三卷 [M]. 北京:人民出版社,2016.

[13] 胡平生,陈美兰. 礼记•孝经 [M]. 北京:中华书局,2007.

[14] 华东师范大学教育系教科所. 中国现代教育史 [M]. 上海:华东师范大学出版社,1983.

[15] 贾思勰. 齐民要术 [M]. 北京:团结出版社,1996.

[16] 江灏,钱宗武. 金古文尚书全译 [M]. 贵阳:贵州人民出版社,1992.

[17] 江泽民文选:第一卷 [M]. 北京:人民出版社,2006.

[18] 江泽民文选：第二卷 [M]．北京：人民出版社，2006.

[19] 江泽民文选：第三卷 [M]．北京：人民出版社，2006.

[20] 蒋南翔．坚持社会主义的教育方向 [M]．北京：人民教育出版社，1987.

[21] 教育改革重要文献选编 [M]．北京：人民教育出版社，1986.

[22] 克鲁普斯卡雅．克鲁普斯卡雅教育文选 [M]．卫道治，译．北京：人民教育出版社，2006.

[23] 匡亚明．孔子评传 [M]．南京：南京大学出版社，1990.

[24] 李大钊．李大钊全集：第二卷 [M]．北京：人民出版社，2013.

[25] 李大钊．李大钊全集：第三卷 [M]．北京：人民出版社，2013.

[26] 李塨．李塨集：下 [M]．北京：人民出版社，2014.

[27] 李岚清．李岚清教育访谈录 [M]．北京：人民教育出版社，2003.

[28] 李铁映．中国教育改革发展探索：上 [M]．北京：人民教育出版社，2014.

[29] 李学勤．十三经注疏·周礼注疏 [M]．北京：北京大学出版社，1999.

[30] 廖明春，陈明．十三经注疏·尚书正义 [M]．北京：北京大学出版社，2000.

[31] 刘世峰．中小学的劳动技术教育 [M]．北京：人民教育出版社，1987.

[32] 楼含松．中国历代家训集成 [M]．杭州：浙江古籍出版社，2017.

[33] 卢梭．爱弥儿——论教育：上 [M]．李平沤，译．北京：商务印书馆，1978.

[34] 鲁明善．农桑衣食撮要 [M]．北京：农业出版社，1962.

[35] 陆世仪．陆桴亭思辨录辑要：二 [M]．北京：中华书局，1985.

[36] 吕友仁，吕咏梅．礼记全译·孝经全译：下 [M]．贵阳：贵州人民出版社，1998.

[37] 马卡连柯．论共产主义教育 [M]．刘长松，杨慕之，译．北京：人民教育出版社，1962.

[38] 马克思，恩格斯．马克思恩格斯选集 [M]．北京：人民出版社，2012.

[39] 马宗申．农桑辑要译注 [M]．上海：上海古籍出版社，2008.

[40] 毛礼锐，沈灌群．中国教育通史：第五卷 [M]．济南：山东教育出版社，1988.

[41] 毛泽东同志论教育工作 [M]．北京：人民教育出版社，1992.

[42] 毛泽东选集：第一卷 [M]. 北京：人民出版社，1991.

[43] 毛泽东选集：第二卷 [M]. 北京：人民出版社，1991.

[44] 毛泽东选集：第三卷 [M]. 北京：人民出版社，1991.

[45] 毛泽东文集：第七卷 [M]. 北京：人民出版社，1999.

[46] 缪启愉. 陈旉农书选读 [M]. 北京：农业出版社，1981.

[47] 南京师范大学《教育学》编写组. 教育学 [M]. 北京：人民教育出版社，1984.

[48] 欧文. 欧文选集：第一卷 [M]. 柯象峰，何光来，秦果显，译. 北京：商务印书馆，1979.

[49] 钱德仓. 解人颐 [M]. 海口：三环出版社，1992.

[50] 清华大学中共党史教研组. 赴法勤工俭学运动史料：第一册 [M]. 北京：北京出版社，1979.

[51] 人民教育出版社教育室. 马克思恩格斯列宁论教育 [M]. 北京：人民教育出版社，1993.

[52] 斯密. 国民财富的性质和原因的研究：上 [M]. 郭大力，王亚南，译. 北京：商务印书馆，1974.

[53] 宋应星. 天工开物 [M]. 广州：广东人民出版社，1976.

[54] 宋湛庆. 《农说》的整理与研究 [M]. 南京：东南大学出版社，1990.

[55] 苏霍姆林斯基. 教育的艺术 [M]. 肖勇，译. 长沙：湖南教育出版社，1983.

[56] 苏霍姆林斯基. 帕夫雷什中学 [M]. 赵玮，王义高，蔡兴文，纪强，译. 北京：教育科学出版社，1983.

[57] 苏霍姆林斯基. 苏霍姆林斯基论劳动教育 [M]. 萧勇，杜殿坤，译. 北京：教育科学出版社，2019.

[58] 檀传宝. 劳动教育论要：现实畸变与起点回归 [M]. 北京：北京师范大学出版社，2020.

[59] 托马斯·莫尔. 乌托邦 [M]. 戴馏龄，译. 北京：商务印书馆，1982.

[60] 万国鼎，辑释. 氾胜之书辑释 [M]. 北京：中华书局，1957.

[61] 万国鼎. 氾胜之书辑释 [M]. 北京：中华书局，1957.

[62] 王守谦，金秀珍，王凤春. 左传全译 [M]. 贵阳：贵州人民出版社，1992.

[63] 王守仁. 王阳明全集:上 [M]. 上海:上海古籍出版社,1992.

[64] 王天一,夏之莲,朱美玉. 外国教育史:下 [M]. 北京:北京师范大学出版社,1984.

[65] 王毓瑚. 农桑衣食撮要 [M]. 北京:农业出版社,1962.

[66] 王祯. 农书译注:上 [M]. 济南:齐鲁书社,2009.

[67] 闻人军. 考工记导读 [M]. 成都:巴蜀书社,1988.

[68] 吴式颖,等. 马卡连柯教育文集:下 [M]. 北京:人民教育出版社,2005.

[69] 吴雅凌. 劳作与时日笺释 [M]. 北京:华夏出版社,2015.

[70] 习近平. 论党的宣传思想工作 [M]. 北京:中央文献出版社,2020.

[71] 习近平. 论党的青年工作 [M]. 北京:中央文献出版社,2022.

[72] 习近平谈治国理政 [M]. 北京:外文出版社,2014.

[73] 习近平谈治国理政:第二卷 [M]. 北京:外文出版社,2017.

[74] 习近平书信选集:第一卷 [M]. 北京:中央文献出版社,2022.

[75] 习近平著作选读:第一卷 [M]. 北京:人民出版社,2023.

[76] 习近平著作选读:第二卷 [M]. 北京:人民出版社,2023.

[77] 夏家善. 蒙训辑要. 天津:天津古籍出版社,2017.

[78] 夏家善. 名臣家训 [M]. 天津:天津古籍出版社,1997.

[79] 夏家善. 颜氏家训 [M]. 天津:天津古籍出版社,1995.

[80] 肖甦生. 苏霍姆林斯基教育智慧格言 [M]. 北京:人民教育出版社,2014

[81] 徐光启. 农政全书 [M]. 长沙:岳麓书社,2002

[82] 徐中舒. 汉语大字典 [M]. 成都:四川辞书出版社,1993

[83] 许慎. 说文解字(附检字)[M]. 北京:中华书局,2006.

[84] 严元章. 中国教育思想源流 [M]. 广州:广东教育出版社,2012.

[85] 颜元. 颜元集 [M]. 北京:中华书局,1987.

[86] 袁文兴,袁超. 唐律疏议注译 [M]. 兰州:甘肃人民出版社,2017.

[87] 袁愈荽,唐莫尧. 诗经全译 [M]. 贵阳:贵州人民出版社,1991.

[88] 张岱年. 张岱年全集:第六卷 [M]. 石家庄:河北人民出版社,1996.

[89] 张履祥. 杨园先生全集 [M]. 北京:中华书局,2002.

[90] 郑玉. 师山集:第四卷 [M]. 台北:台湾商务印书馆,1986.

[91] 中共中央文献研究室. 毛泽东 周恩来 刘少奇 朱德 邓小平 陈云 格言

［M］．上海：上海人民出版社，1997．

［92］ 中共中央文献研究室．邓小平论教育：第三版［M］．北京：人民教育出版社，2004．

［93］ 中共中央文献研究室．三中全会以来重要文献选编：下［M］．北京：人民出版社，1982．

［94］ 中共中央文献研究室．十三大以来重要文献选编：上［M］．北京：人民出版社，1991．

［95］ 中共中央文献研究室．十四大以来重要文献选编：中［M］．北京：人民出版社，1996．

［96］ 中共中央文献研究室．十五大以来重要文献选编：下［M］．北京：人民出版社，2011．

［97］ 中共中央文献研究室．习近平关于青少年和共青团工作论述摘编［M］．北京：中央文献出版社，2017．

［98］ 中共中央文献研究室刘少奇研究组，中央教育科学研究所．刘少奇论教育［M］．北京：教育科学出版社，1998．

［99］ 中国大百科全书出版社编辑部．中国大百科全书•教育［M］．北京：中国大百科全书出版社，1985．

［100］ 中国农业科学院南京农业大学中国农业遗产研究室．中国古代农业科学技术史简编［M］．南京：江苏科学技术出版社，1985．

［101］ 中央教育科学研究所．周恩来教育文选［M］．北京：教育科学出版社，1984．

［102］ 钟叔河．曾国藩与弟书［M］．长沙：岳麓书社，2002．

［103］ 周绍良．全唐文新编：第18册［M］．长春：吉林文史出版社，1999．

［104］ 朱熹．四书章句集注［M］．北京：中华书局，1983．

［105］ 左丘明．国语［M］．济南：齐鲁书社，2005．

［106］ 胡青．耕读——中国古代的教育与生产劳动相结合［J］．江西师范大学学报（哲学社会科学版），1992，25（3）：9-22．

［107］ 霍小光，陈菲．习近平在参加首都义务植树活动时强调 一代人接着一代人干下去 坚定不移爱绿植绿护绿［J］．国土绿化，2014（4）：5．

［108］ 娄雨．劳动的古典观念及其对劳动教育的当代启示［J］．劳动教育评

论, 2020（4）: 12-27.

[109] 教育部, 共青团中央, 全国少工委. 教育部 共青团中央 全国少工委关于加强中小学劳动教育的意见 [J]. 中国德育, 2015（6）: 6-8.

[110] 吴晶, 胡浩. 习近平在全国教育大会上强调 坚持中国特色社会主义教育发展道路 培养德智体美劳全面发展的社会主义建设者和接班人 [J]. 人民教育, 2018（18）: 6-9.

[111] 习近平. 在文化传承发展座谈会上的讲话 [J]. 求是, 2023（17）: 4-11.

[112] 新华社. 习近平在乌鲁木齐接见劳动模范和先进工作者、先进人物代表 向全国广大劳动者致以"五一"节问候 [J]. 兵团工运, 2014（5）: 4.

[113] 新华社. 习近平在参加首都义务植树活动时强调 全社会都做生态文明建设的实践者推动者 让祖国天更蓝 山更绿 水更清 生态环境更美好 李克强栗战书汪洋王沪宁赵乐际韩正王岐山参加 [J]. 国土绿化, 2022（4）: 4-5.

[114] 习近平. 在全国劳动模范和先进工作者表彰大会上的讲话 [N]. 人民日报, 2020-11-25（002）.

[115] 习近平. 在庆祝"五一"国际劳动节暨表彰全国劳动模范和先进工作者大会上的讲话 [N]. 人民日报, 2015-4-29（002）.

[116] 习近平. 在知识分子、劳动模范、青年代表座谈会上的讲话 [N]. 人民日报, 2016-4-30（002）.

[117] 习近平在同中华全国总工会新一届领导班子成员集体谈话时强调 坚持党对工会的全面领导 组织动员亿万职工积极投身强国建设民族复兴伟业 [N]. 人民日报, 2023-10-24（001）.

[118] 中共中央 国务院关于全面加强新时代大中小学劳动教育的意见 [N]. 人民日报, 2020-03-27（001）.

[119] 新华社. 习近平在北京育英学校考察时强调 争当德智体美劳全面发展的新时代好儿童 向全国广大少年儿童祝贺"六一"国际儿童节快乐 [EB/OL].（2023-05-31）[2024-07-11]. http://www.news.cn/politics/leaders/2023-05/31/c_1129660307.htm.

后　记

2017年暑假,业师颜炳罡先生自济南来青岛讲学。得知此消息,我非常高兴,即刻去颜师下榻的宾馆拜望。谈话间,颜师约请我参加他主持的《家风传承——党员干部家风读本》编写组。之后的几个月,我与周海生师兄、于媛师妹在颜师的悉心指导和帮助下,合作完成了《家风传承——党员干部家风读本》书稿。该书于2018年7月出版。在参与写作这部书稿的过程中,我发现在中国传统家训中有很多关于劳动教育的内容,比如曾国藩所讲的"习劳习苦""早扫考宝书蔬鱼猪"等。这也是我对中国传统劳动教育思想学习的开始。

2018年9月10日,习近平总书记在全国教育大会上做了重要讲话,其中专门就劳动教育问题进行了深刻论述,同时将其列入党的教育方针。古为今用、推陈出新是中国共产党人始终坚持的文化建设方针。新时代劳动教育的开展需要从中华优秀传统文化中汲取有益的思想资源。于是,我就想对此问题做一番探讨,结合随颜师写作时掌握的思想资料,撰写了一篇小文《劳动教育应汲取传统智慧》(即本书的"前言")。该文于2019年4月25日在《中国教育报》"理论周刊"上发表。文章发表后被一些网站转发,还曾被作为高中语文测试的阅读材料,产生了一定的影响。

在撰写《劳动教育应汲取传统智慧》文章期间,我还以"中国传统劳动教育思想扬弃研究"为题申报了2019年度的全国教育科学规划项目。2019年7月,该题目获批为教育部重点课题。在课题进行得并不顺利时,几位专家建议最好以专著形式结项,于是我开始准备书稿。

本书的其他两位合作者,是我指导的研究生。刘静是2018级的研究生,已毕业三年,现在她家乡的统战部门工作。刘静非常聪明,擅长研究和写作,最初申报本项目时她也是主要参加者之一。在我的指导下,她承担了书稿第三章的撰写。常玲玲同学是2022级的研究生，是从山东师范大学保研到中国海洋大学马克思主义学院的优秀学子，入校第一学年她就成功获批一项学校的研究课题，该课题于2023年末顺利结项。常玲玲同学现已发表学术论文多篇。在我的指导下，她撰写了本书第四章初稿部分内容。她们为本书资料搜集、引文核对、文字修改等做了大量工作。

我们在写作的过程中，参考借鉴了学界同行的相关研究成果，在此表示最诚挚的感谢！研究本项目期间，我有幸得到很多领导和朋友的关心、支持、指导和帮助，其中有中国海洋大学文科处的董跃处长、席静副处长和徐晓琨老师，天津社会科学院的王光荣研究员，曲阜师范大学孔子文化学院的宋立林教授，中国海洋大学文学与新闻传播学院的柴焰教授、马克思主义学院的蔡勤禹院长和李艳霞教授。衷心感谢他们！我还要感谢课题组成员济宁教育学院的徐艳云老师，中国海洋大学马克思主义学院的同事董振娟老师、杨新玉老师的积极参与！最后，特别感谢我的家人对我的支持和鼓励！

由于时间紧迫且本人水平有限，本书难免有疏漏和舛误之处，恳请学界专家和广大读者批评指正！

陆信礼
2024 年 7 月于海大园